FREI CLARÊNCIO NEOTTI, OFM

MARIA,

MÃE DE DEUS E DA HUMANIDADE

EDITORA
SANTUÁRIO

Coordenação editorial: Ana Lúcia de Castro Leite
Diagramação e Capa: Mauricio Pereira

Dados Internacionais de Catalogação na Publicação (CIP) de acordo com ISBD

N438m Neotti, Clarêncio

Maria, Mãe de Deus e da humanidade / Clarêncio Neotti. - Aparecida : Editora Santuário, 2024.
144 p. ; 14cm x 21cm.

ISBN: 978-65-5527-406-6

1. Religião. 2. Cristianismo. 3. Teologia. 4. Maria. 5. Mãe de Deus. I. Título.

2024-434 CDD 240
CDU 24

Elaborado por Vagner Rodolfo da Silva - CRB-8/9410

Índice para catálogo sistemático:
1. Religião : Cristianismo 240
2. Religião : Cristianismo 24

2ª impressão

Rua Pe. Claro Monteiro, 342 – 12570-045 – Aparecida-SP
Tel.: 12 3104-2000 – Televendas: 0800 - 0 16 00 04
www.editorasantuario.com.br
vendas@editorasantuario.com.br

SUMÁRIO

Introdução 5

1. Nascimento e infância de Maria 13
2. Imaculada Conceição de Maria 19
3. Consagração de Maria a Deus 25
4. Maternidade divina de Maria 31
5. Maria do Magnificat 37
6. Espírito Santo e Maria 43
7. Maria sempre virgem 49
8. Maria, mãe das dores 55
9. Maria, mãe das alegrias 61
10. Passagem de Maria para a eternidade 67
11. Elevada ao céu em corpo e alma 73
12. Rainha do céu e da terra 79
13. Maria, mãe da Igreja 85
14. Ave-Maria, Ângelus e Rosário 91
15. Nossa Senhora da Conceição Aparecida 97
16. Títulos dados a Maria na *Lumen Gentium* 103
17. Os Santos Padres e Maria 107
18. Consagração a Nossa Senhora 115
19. Hino Akáthistos 119

Personagens citadas no livro 129

INTRODUÇÃO

Depois que publiquei o livro sobre o Credo[1], muitos me pediram para escrever livro semelhante sobre Nossa Senhora, sua vida, sua missão e seu significado hoje na vida cristã. Existem muitos livros sobre ela. Uns de pesquisa teológica, ilegíveis para o grande público, ainda que devoto de Maria, porque escrito em jargão científico. Outros são exageradamente sentimentais, mais agarrados a visões do que à história. Outros não deixam clareza sobre o que é verdade de fé a respeito de Maria e o que é produto de fantasia, sempre inclinada a fábulas e alegorias que expliquem os mistérios.

Nosso livro distingue claramente o que sabemos pelos Evangelhos, o que devemos crer por definição da Igreja, o que nos vem por meio dos apócrifos, contemporâneos dos Evangelhos, o que nasce ao longo dos séculos da piedade popular, o que aprendemos do ensino continuado dos papas e o que sugerem os teólogos, sobretudo os que aliam o estudo à santidade. Em outras palavras, nem tudo o que se diz de Maria é verdade de fé. Nem tudo o que se crê sobre Maria tem comprovação histórica. É famosa a frase atribuída a São Bernardo (em latim: *De Maria nunquam satis*): a respeito de Maria nunca se dirá demais. A frase é ambígua, se por ela penso que posso di-

---

[1] Frei Clarêncio Neotti, OFM, *Creio – a identidade de Cristão*, Editora Santuário 2019, 126 p.

zer de Maria o que quero, apondo-lhe os adjetivos que me passarem pela cabeça. É verdade que eu jamais serei capaz de fazer a Maria os elogios que ela merece nem serei capaz de esgotar as explicações que envolvem sua vida e sua missão de mãe do Filho de Deus e mãe da Igreja. Maria de Nazaré não tem necessidade de maquiagem. Nem eu nem ninguém tem o direito de maquiar a imagem e a missão de Maria.

Muito acertadamente lembrou o Papa Paulo VI na exortação apostólica sobre o culto correto à bem-aventurada Virgem Maria (*Marialis Cultus*)[2]: "A Virgem Maria foi sempre proposta pela Igreja à imitação dos fiéis, não exatamente pelo tipo de vida que ela levou, ou, menos ainda, por causa do ambiente sociocultural em que se desenrolou a sua existência, hoje, superado quase por toda a parte; mas sim, porque, nas condições concretas de sua vida, ela aderiu total e responsavelmente à vontade de Deus; porque soube acolher a sua palavra e pô-la em prática; porque a sua ação foi animada pela caridade e pelo espírito de serviço; e porque, em suma, ela foi a primeira e mais perfeita discípula de Cristo – o que, naturalmente, tem um valor exemplar universal e permanente" (n. 35).

As verdades de fé sobre Maria destacam sua Imaculada Conceição, sua maternidade divina, sua virgindade antes, durante e depois do parto e sua gloriosa assunção ao céu. Gostaria de acentuar uma virtude, que não é inata na criatura humana, mas em Maria foi a razão por que Deus fixou nela seu olhar: a humildade. Santo Antônio chega a dizer que, se Maria não fora humilde, nela Deus não se teria encarnado. "A humildade foi a porta da entrada da graça", escreve no Sermão para o dia 2 de fevereiro. Em outro sermão, volta a insistir na humildade como a virtude das virtudes, a virtude que mais agradou a Deus em Maria. E argumenta com as próprias palavras da Virgem-Mãe

[2] Paulo VI, *Marialis Cultus*, Exortação Apostólica para a reta ordenação e desenvolvimento do culto à Bem-aventurada Virgem Maria, 1974. Paulinas, coleção Palavra do Papa, n. 83.

diante de Isabel e Zacarias: "Deus olhou para a humildade de sua serva" (*Lc* 1,48). Cito: "Numerosas virtudes brilharam de modo estupendo em Maria Santíssima. A humildade, porém, superou todas. Por isso, quase esquecendo as outras virtudes, ela mesma põe a humildade em primeiro lugar: Deus olhou para a humildade de sua serva".

Cito mais um texto, agora do Sermão da Anunciação: "Da raiz nascem o tronco e os ramos. A raiz, de onde nasceram Maria e seus privilégios e suas virtudes, é a humildade". No mesmo sermão, Santo Antônio volta a acentuar que "entre todas as criaturas, a Virgem Maria foi a mais humilde e obediente. Por isso pôde adorar o Rei por ela gerado".

Como Maria era e é a humílima serva do Senhor, Deus está com ela, Deus se fez carne na carne dela. Diria Santo Antônio: Deus se assentou no trono da humildade, que se tornou trono de glória. Citei várias vezes Santo Antônio. Lendo os sermões[3] que ele preparou, encontrei quase 400 títulos diferentes que ele emprega para descrever a pessoa de Maria, sua missão, sua dignidade, seu mistério. Lembro alguns: virgem, virgem gloriosa, virgem feliz, virgem pobrezinha, virgem puríssima, virgem humílima, virgem imaculada. Há um título referido a Maria que eu só encontrei em Santo Antônio: *virgem mendicante*. Mendicantes eram chamados pelo povo os Frades, porque não tinham morada fixa e viviam dois a dois pelos caminhos, pregando o Evangelho, inteiramente desapegados dos bens materiais, da família e das honras. Antônio viu em Maria o modelo perfeito do desapego, o exemplo de quem leva apaixonadamente Jesus pelas estradas do mundo, como ela fez na visita a Isabel, mãe de João Batista, percorrendo de Nazaré a Ain Karem uma estrada perigosa de 130 quilômetros, para levar a Isabel – o símbolo da humanidade – a primeira notícia

[3] Santo Antônio, *Sermões*. Tradução de Frei Ary E. Pintarelli. Editora Vozes, Petrópolis 2019, 1090 p.

de seu Filho bendito e dizer – como disse no *Magnificat* – que chegara o tempo dos humildes, dos famintos, dos que têm as mãos vazias de dinheiro, mas são cheios da misericórdia divina, da força transformadora da história.

Lembro outra qualidade de Maria, só possível quando enraizada na humildade e no desapego: a disponibilidade. Sua resposta incondicionada ao chamado de Deus, sua absoluta fidelidade em todas as circunstâncias boas, adversas e terríveis, sua quase identificação com os passos de Cristo, fazem dela uma pessoa disponível por excelência. E isto foi possível, porque Deus olhou para a humildade e o desapego de sua serva. Servir a Deus nas horas boas, iluminadas de sol, não é difícil. O encontro entre Maria e Isabel, o canto do Magnificat são exemplos de momentos estupendos, fáceis, exultantes, que chamo de 'horas boas'. Mas não só nos momentos de primavera devemos ser disponíveis. Mas também quando se faz noite, quando as decepções nos invadem, que nem água suja de enchente incontrolada. A condenação, a paixão e a morte de Jesus foram para Maria desses momentos cruciais. Ela confiou contra toda esperança. Não lhe faltou a espada a atravessar-lhe o coração (*Lc* 2,35). Com o mesmo *sim* ao Arcanjo ela respondeu ao Filho torturado. O 'amém' (faça-se) de Maria amalgamou-se de tal forma ao 'amém' de Jesus que ninguém e nada os pôde separar (cf. *Rm* 8,35).

A disponibilidade de Maria se estende a toda a humanidade. O Papa Paulo VI declarou Maria Mãe da Igreja. A este fato dedicamos um capítulo todo. O Papa Francisco instituiu a festa de Maria Mãe da Igreja na segunda-feira depois de Pentecostes. Gostaria de lembrar que Maria não só é Mãe da Igreja, mas de toda a humanidade. O Concílio a chamou de 'Mãe dos Homens' (*LG*, 54)[4]. E nós podemos dizer com São Bernardo: "És a Mãe

[4] Concílio Vaticano II, *Lumen Gentium*, Constituição dogmática sobre a Igreja. Paulinas, coleção Palavra do Papa, n. 31.

dos Homens, porque por ti todos os mortais recebem de volta a vida, que Eva nos fez perder". Na sua primeira vinda à América Latina, em janeiro de 1979, o Papa São João Paulo II dizia aos trabalhadores de Guadalajara, no México: "Carregando Jesus em seu seio, Maria carregava também todos aqueles cuja vida se achava encerrada na do Salvador".

Há dois momentos na vida de Maria de Nazaré que nos mostram como ela, assumindo a maternidade de Jesus, o primogênito de todas as criaturas, assumiu a maternidade de todos, porque, na própria definição de Jesus, ele é o tronco e nós somos os ramos (*Jo* 15,5). Juntos, formamos a videira, uma dependência mútua, uma comunhão de vida. O tronco não vive sem os ramos. Os ramos não vivem sem o tronco. O tronco, Jesus, foi gestado em Maria e nasceu dela na noite de Natal. Tronco e ramos temos a mesma raiz, a mesma mãe. A velha Eva, que nos trouxe a desgraça e a morte, apesar de seu nome significar 'mãe de todos os viventes', é substituída agora por Maria, que nos trouxe, com seu filho, graça sobre graça (*Jo* 1,16). Maria tira de Eva o título de Mãe dos viventes e assume para si não só o título, mas também a missão de mãe. Por isso Santo Agostinho († 430) a chama de 'Mãe do mundo inteiro'; e São Jerônimo († 419): 'Mãe de todos os povos'; e São Bernardo († 1153): 'Mãe de toda a humanidade'.

Na casa de Isabel, Maria canta no Magnificat: "Grandes coisas fez em mim o Onipotente". A primeira delas foi sua maternidade virginal, concebendo, por obra e graça do Espírito Santo, o Filho de Deus. A segunda grande coisa foi saber-se mãe da humanidade recriada. Em outro momento, esta maternidade universal de Maria se torna ainda mais clara, porque proclamada pelo próprio Jesus. Estamos no Calvário. Jesus agonizante, pouco antes de dizer ao Pai que cumprira, consumara a sua missão, olha para a Mãe Maria e lhe diz, apontando para João, a criatura humana que, naquele momento, estava mais perto dele: "Mulher, eis aí teu filho". Como para dizer: Maria, cuida da humanidade, protege a humanidade, sê mãe de todos os meus irmãos. E fixando os olhos em João, lhe disse: "Esta é a tua mãe!" Como se dissesse a todos e a cada um de nós: Minha mãe é a tua mãe! Confia nela! Ama-a com amor de filho! Faze tudo o que ela te mandar!

O Evangelho não traz a resposta de Maria. Mas terá sido outro 'Sim', outro "Faça-se a tua vontade". E Maria se tornou, por graça e doação de Jesus, a mãe da humanidade. O Calvário, que significava 'lugar das caveiras', porque era um cemitério, tornou-se naquele momento, o novo paraíso terrestre, o berço da nova vida. E Maria é a mãe de todos os renascidos, de todos os viventes.

Uma das queixas de Deus no Antigo Testamento era de que o povo não ouvia sua voz. Do mesmo fato se queixou Jesus. E elogiou sua Mãe, porque ela era uma pessoa que escutava a voz de Deus e a punha em prática. Maria é modelo excelente de mulher de fé, mulher de caridade, mulher de perfeita união com Cristo. Digo em outras palavras: se uma comunidade cristã quer ter diante de si um modelo de fé, contemple Maria. Se uma comunidade cristã quer ter diante de seus olhos um modelo de caridade, de amor fraterno, imite Maria. Se uma comunidade cristã quer ter um modelo de pessoa sempre unida a Cristo, uma comunidade que vive por Cristo, com Cristo e em Cristo, Maria é o modelo perfeito e acessível a todos. Lembrou-o bem o Papa São Paulo VI: Maria é modelo de quem sabe escutar a voz de Deus (*Marialis Cultus*, 17) e vivê-la no dia a dia.

Lembremos dois momentos aparentemente contraditórios: a hora da Anunciação e a hora da Cruz. Na Anunciação, ela ouve a voz do anjo, que fala em nome de Deus. Ela reflete sobre a proposta de Deus, trazida pelo anjo. Ela responde sim à vontade de Deus: "Faça-se em mim, segundo a tua palavra" (Lc 1,38). É a escuta de uma mulher de fé. É a fé de uma mulher que diz sim à proposta de Deus. O anjo lhe fala do filho de Deus que nascerá dela, e será grande, e será chamado filho do Altíssimo, e terá o trono de Davi, e reinará para sempre. 33 anos depois, a mesma Maria está aos pés da cruz, onde está pregado seu filho, concebido por obra e graça do Espírito Santo, destinado a um reino sem-fim. Diante do filho crucificado. Diante do filho morto. Onde está o trono de Davi? Onde está o reino?

Grande foi o momento da Anunciação, quando a esperança de um Messias virou certeza. Bem maior foi o momento do Calvário, quando toda a esperança parecia morrer. E Maria lá estava de pé, a dizer um novo sim, a ouvir a voz de Deus que lhe dizia no coração de mãe: minha palavra não volta atrás, haverá de se cumprir. Nós sabemos que se cumpriu na manhã de Páscoa. Nós sabemos que ela se cumpre em todas as pessoas que repetem as palavras de Maria: "Faça-se em mim, segundo a tua palavra". Em todas as pessoas que "ouvem a palavra de Deus e a põem em prática".

Já vi santinhos de Nossa Senhora, tendo embaixo o título: Nossa Senhora do Silêncio. Sim, Maria é uma mulher que soube fazer silêncio, para melhor escutar a palavra de Deus. De nada lhe adiantaria o silêncio, se não escutasse a palavra divina. Mas também eu poderia inventar e dar a Maria o título de Nossa Senhora do Vazio. Porque ela se esvaziou do egoísmo, da vaidade, dos interesses próprios, para que Deus a enchesse por inteiro. Maria se fez um vaso vazio para que Deus a enchesse. E Deus a encheu: cheia de graça, cheia com a maternidade divina, cheia com a maternidade de gerar e educar todos os irmãos de Jesus, que somos nós, que foram nossos antepassados, que serão as gerações futuras.

Nossa Senhora do Silêncio: sim, é preciso fazer silêncio para se escutar a Palavra de Deus. Nossa Senhora da Escuta: sim, é preciso escutar a palavra de Deus para poder acolhê-la. Nossa Senhora do Acolhimento: sim, é preciso acolher a palavra de Deus para poder comunicá-la, reparti-la. Nossa Senhora da Partilha: sim, precisamos partilhar, para sermos uma verdadeira comunidade, uma comunidade cristã.

Ó Virgem da Humildade, Maria de Nazaré, abri os ouvidos do nosso coração, para ouvir a Palavra de Deus. Abri os ouvidos da nossa inteligência, para compreender a Palavra de Deus. Abri os ouvidos da nossa vontade para pôr em prática a Palavra de Deus. Ó Virgem do Silêncio, arrancai de dentro de nós o barulho do nosso egoísmo, o barulho da nossa vaidade, o orgulho da nossa prepotência, para que possamos escutar a Palavra de Deus. Ó Virgem do Acolhimento, Maria de Nazaré, abri as portas do nosso coração para acolher a Palavra de Deus e que nosso coração seja a terra boa onde ela possa frutificar em benefício de todos!

1

NASCIMENTO E INFÂNCIA DE MARIA

Os Evangelhos não falam do nascimento e da infância de Maria. Nem sequer nos dizem quem foram seus pais. Sabemos apenas que tinha ao menos uma irmã, e que esta irmã era casada com um senhor chamado Cléofas (*Jo* 19,25), que a acompanhou no calvário, quando Jesus foi crucificado.

Mas há livros escritos quase ao mesmo tempo dos Evangelhos, que não foram aceitos pela Igreja como livros da Bíblia, que falam dos pais de Maria. Estes livros se chamam 'Apócrifos'. Evangelhos há só quatro. Mas os Apócrifos do Novo Testamento chegam a mais de sessenta. Um deles se chama Protoevangelho de Tiago[1], composto no final do II século, em grego. Este livro diz que os pais de Maria se chamavam Joaquim e Ana. O nome Joaquim significa 'preparado por Deus'. E a palavra Ana significa 'misericórdia'. Dois nomes bem apropriados, portanto, para serem pais daquela que fora escolhida e preparada por Deus desde toda a eternidade para ser mãe de Jesus, en-

---

[1] O Protoevangelho de Tiago foi publicado em português pela Editora Vozes, com o título *História do nascimento de Maria*, tradução, organização e notas do padre Lincoln Ramos, Petrópolis 1988, 68 p.

carnação da misericórdia divina para com as criaturas. O mesmo Evangelho de Tiago diz que o casal era rico em rebanhos, mas não tinha filhos e por isso vivia envergonhado e suplicava a ajuda de Deus. Ana fizera promessa: se ganhasse um filho, seria consagrado ao serviço de Deus. Finalmente, Ana concebeu.

Ao lhe nascer a menina, deu-lhe o nome de Maria, o mesmo nome da irmã de Moisés, provavelmente um nome de origem egípcia. Já se deram mais de 70 significados para este nome. Mas qualquer significado é pequeno, diante da missão que Deus reservara para esta menina: ser a futura mãe do Messias. Sobre o miraculoso privilégio da Imaculada Conceição de Maria falaremos em um capítulo especial.

Não sabemos onde nasceu Maria. Uns a fazem nascer em Belém, na Judeia, para ligá-la com mais certeza à descendência de Davi, cuja família e parentela eram de Belém, onde nascera o próprio rei Davi. Outros querem que ela tenha nascido em Nazaré, na Galileia, já que a Anunciação aconteceu em Nazaré (*Lc* 1,26) e lá Maria tinha casa própria, quando recebeu a mensagem do Anjo Gabriel. Os escritos mais antigos que temos a dão como nascida em Jerusalém, no lado norte da cidade, perto da piscina Probática[2], onde há desde tempos imemoriais uma igreja dedicada a Santa Ana, com uma cripta, apontada como lugar do nascimento de Maria. Encontramos estas informações também nos diários dos peregrinos cristãos do segundo século. Isso facilitaria o que o *Evangelho de Tiago* conta da infância de Maria e Maria pertenceria, então, à tribo sacerdotal de Levi e Jesus nasceria na classe sacerdotal. Mas a *Carta aos Hebreus* é clara: "Se a perfeição tivesse sido realizada pelo sacerdócio levítico, que necessidade haveria de outro sacerdote, segundo a ordem de Melquisedeque[3] e não segundo a ordem de Aarão? Pois bem,

---

[2] Era uma piscina de cinco pórticos perto da entrada da Porta das Ovelhas, chamada em hebraico Betesda. Nessa piscina Jesus curou um paralítico (*Jo* 5,2).

[3] Melquisedeque era rei de Salém (Jerusalém) e sacerdote da tribo. Quando Abraão guerreou e venceu os reis vizinhos, ele veio ao encontro de Abraão, solidarizou-se com

[Jesus] é de outra tribo, da qual ninguém se consagrou ao serviço do altar, pois é notório que Nosso Senhor nasceu de Judá, tribo que Moisés não menciona quando fala dos sacerdotes" (*Hb* 7,11-14).

Os Evangelhos não dizem que Maria era descendente de Davi. Mas também não dizem que descendia de outra tribo. Havia a profecia de que o Messias seria descendente de Davi. Mas a descendência poderia também vir pelo pai adotivo, José, este sim, descendente de Davi, da tribo de Judá (cf. *Mt* 1,17.20). O *Protoevangelho de Tiago* diz que Maria pertencia à descendência de Davi. Outros apócrifos fazem a mesma afirmação. Santo Irineu de Lion, falecido no ano 202, diz no seu livro *Contra as Heresias*: "Uno e idêntico é Deus, pregado pelos profetas, anunciado pelo Evangelho e o seu Filho, que é o fruto do seio de Davi, isto é, da Virgem descendente de Davi, o Emanuel". Eusébio de Cesareia, no seu livro *História da Igreja*, diz que soube por meio de um tal Egesipo, que tinha contato com parentes de Jesus, que Maria era descendente de Davi e encerra o assunto assim: "elaborada a genealogia de José, Maria forçosamente devia ser da mesma tribo, pois, segundo a lei de Moisés, não era lícito alguém casar-se com membro de outra tribo".

A igreja tem uma festa que celebra o nascimento de Maria no dia 8 de setembro. Festa que remonta aos primeiros séculos da Igreja, já citada no ano 600. O Papa São Sérgio (687-701) determinou que a festa fosse celebrada em todas as igrejas. Aliás, foi esse Papa também que pôs no calendário litúrgico outras três festas em honra de Maria: a festa da Anunciação (25 de março), a festa de Dormição (futura festa da Assunção, 15 de agosto), a festa da Purificação (2 de fevereiro, que recebeu novo nome na reforma litúrgica do Vaticano II: festa da Apresentação de Jesus no Templo).

---

ele, abençoou-o e ofereceu um sacrifício de pão e de vinho. O Salmo 110,4 menciona Melquisedeque. Como Jesus não pertencia à tribo sacerdotal de Levi, a carta aos hebreus o compara ao sacerdócio de Melquisedeque.

Em um sermão dedicado ao nascimento de Maria, Santo André de Creta convida: "Hoje, a Virgem nasce, é alimentada com leite, plasmada e preparada como mãe para o Deus e rei de todos os séculos. Portanto, cante e exulte toda a criação. Pois hoje nasceu o templo criado do Criador de tudo".

Diz o *Protoevangelho de Tiago*: "Quando a menina completou um ano, Joaquim preparou uma grande recepção e convidou os chefes dos sacerdotes, os sacerdotes, os escribas, o conselho dos anciãos e todo o povo de Israel. Joaquim apresentou a menina aos sacerdotes. Estes a abençoaram, dizendo: "Ó Deus de nossos pais, abençoa esta criança com uma bênção tão grande, que não haja outra maior! Dá-lhe um nome glorioso e eterno, que dure por todas as gerações!" Embora a cena seja contada por um livro apócrifo, todo seu conteúdo está no Evangelho, porque não há bênção maior do que ser a Mãe do Salvador do mundo, que também é Filho de Deus. E Maria cantou no Magnificat: "Todas as gerações me chamarão de bendita" (*Lc* 1,48).

Ana e Joaquim não esqueceram a promessa. Aos três anos, levaram a menina para ser consagrada no templo. É ainda o *Protoevangelho de Tiago* quem conta que a menina foi recebida com estas palavras do sacerdote: "O Senhor exaltou teu nome por todas as gerações. Em ti o Senhor mostrará a salvação aos filhos de Israel". Maria teria ficado no templo até os 12 anos.

Nenhum outro lugar seria mais indicado a Maria, predestinada a ser a mãe de Jesus, do que o Templo, coração do povo, lugar reconhecido por todos como o escolhido pelo próprio Deus para se fazer presente na comunidade e dela receber o louvor e a glória. E tudo toma grande sentido, se nos lembrarmos que Jesus seria o novo templo de Deus na terra, o novo coração do povo (*Ap* 21,22). Ornamentando ou tecendo o grande véu, que escondia dos olhos comuns a Arca da Aliança, Maria se preparava para ser a nova Arca, abrigando em seu útero bendito o Filho de Deus. A ladainha lauretana, que cantamos em nossas igrejas, a chama de 'Arca da Aliança'.

É bonito imaginar Maria-menina, tecendo o sagrado véu do Templo, quando sabemos que ela teceu as roupas de Jesus, sobretudo aquela túnica inteiriça, sem costura, que Jesus vestia ao ser crucificado e que foi sorteada entre os soldados-algozes no Calvário (*Jo* 19,23). É até comovente imaginar Maria no Templo, trabalhando desde a mais tenra infância, com as coisas sagradas, ela que daria carne e sangue à mais sagrada das criaturas, ao "primeiro de todas as criaturas", como chama São Paulo a Jesus, àquele que é a imagem visível do Deus invisível (*Cl* 1,15).

Mais tarde, Jesus vai impor aos discípulos o abandono da casa dos pais, da família e de todos os bens temporais como condição ideal de seguimento perfeito (*Mt* 10,37-38; *Mt* 19,29). Maria antecedeu-se a todos, porque deixou a casa, os pais, tudo. Há uma lógica muito grande na piedade popular, que a consagra a Deus, como a mais perfeita discípula, desde os primeiros anos de vida. No famoso discurso de assinatura da Constituição dogmática *Lumen Gentium*, o Papa Paulo VI lembrou a frase de Ruperto de Deutz: "Maria é a porção máxima da Igreja, a porção ótima, a porção principal, a porção mais preciosa".

Como costuma acontecer, a lógica e a devoção popular transformam-se em piedade e liturgia. Desde os primeiros séculos, celebrou-se a consagração de Maria no Templo, embora, repito, nada digam a respeito os Evangelhos. Muito cedo, celebrou-se na Igreja do Oriente a festa da "Entrada da Santíssima Mãe de Deus no Templo" e a esse título dedicou-se no ano 543 uma Basílica em Jerusalém. No Ocidente, ou seja, na Igreja romana, a festa tomou o nome de "Apresentação da Bem-aventurada Virgem Maria". O Papa Sisto V, em 1585, introduziu a festa no calendário universal, no dia 21 de novembro, data em que a festa sempre fora celebrada.

Evidentemente, Maria teve de ser instruída e educada. Teve de aprender a ler e compreender os salmos, os profetas, os livros sapienciais e o das Leis. Tudo isso ela deveria transmitir a seu filho, depois. Não temos nenhum escrito que fale de uma consagração explícita de Maria nem ao serviço do Templo nem a Deus diretamente. Mas sabemos que ela era toda de Deus, porque o Anjo Gabriel a chamou de "cheia de graça" (*Lc* 1,28), ou seja, totalmente possuída por Deus.

Em alguns lugares de vários países, e desde o quinto século, encontramos a devoção a Nossa Senhora Menina, representada ora com Joaquim e Ana, ora só com Ana, ora também sozinha como criança. Sua festa se celebra no mesmo dia da natividade: 8 de setembro.

2

IMACULADA CONCEIÇÃO DE MARIA

Estamos diante de um mistério. Ou seja: diante de um fato que nossa inteligência, por ser conhecidamente limitada, não consegue abranger nem explicar por inteiro. O mistério não contradiz a razão humana, mas a excede.

O privilégio da Imaculada Conceição não se refere ao fato de Maria de Nazaré ter sido virgem antes, durante e depois do parto de Jesus. Não se refere ao fato de ter ela concebido o filho sem o concurso de homem, mas por obra e graça do Espírito Santo. Não se refere ao fato de Maria não ter cometido nenhum dos pecados que nós costumamos fazer, confessar e nos esforçamos por evitar. Refere-se ao fato de Deus havê-la preservado da mancha com que todas as criaturas humanas nascem, mancha herdada do pecado cometido por Adão e Eva. A teologia chama esta mancha de 'pecado original'. Original, não porque nascemos como fruto de um ato sexual. Mas original, porque se refere à origem de toda a humanidade, ou seja, a nossos primeiros pais, que a Bíblia chama de Adão e Eva.

A Sagrada Escritura ensina-nos que Deus criou o ser humano à sua imagem e semelhança. Não o fez por necessidade, mas em um gratuito gesto de amor. Criado por amor, o ser humano estava destinado a uma plena e eterna comunhão com Deus. Comunhão tão íntima e divina, que o próprio Filho de Deus dela poderia participar sem nenhuma diminuição de sua divindade.

Ora, para o Filho de Deus encarnar-se, Deus havia escolhido desde sempre uma mulher e a havia imaginado santíssima, adornada com todas as qualidades e belezas do próprio Deus. Para Deus, imaginação e criação é a mesma coisa.

Aconteceu, no entanto, o grande transtorno: nossos primeiros pais, apesar de feitos à imagem e semelhança de Deus, eram criaturas e como criaturas dependiam do Criador. Sua liberdade era a plenitude da liberdade como criaturas. Adão e Eva pecaram, querendo passar da liberdade e santidade de criaturas à liberdade e santidade do Criador, ou seja, quiseram igualar-se a Deus. Pecado de orgulho e ganância. Um pecado de desobediência à condição de criaturas, querendo a condição do Criador. Eles quiseram "ser como Deus" (*Gn* 3,5). Eles quiseram comportar-se como Deus e não como criaturas de Deus.

A Sagrada Escritura fala das consequências dramáticas dessa prepotência dos nossos primeiros pais: embora mantendo a dignidade de imagem e semelhança de Deus, perderam, como diz São Paulo "a graça da santidade original" (*Rm* 3,23), passaram a ter medo de Deus, perderam o equilíbrio de criaturas, ou seja, foram tomados pelas más inclinações e passaram a sentir em sua consciência a desarmonia e a tensão entre o bem e o mal e a experiência da terrível necessidade de optar entre um e outro, e "a morte entrou na história da humanidade" (*Rm* 5,12).

Ora, os planos de Deus, ainda que as criaturas os desviem ou quebrem ou não os queiram, acabam se realizando.

Aquela mulher imaginada (criada) por Deus antes do paraíso terrestre, para ser a Mãe do Filho em carne humana, estava isenta do pecado de Adão e Eva. Há, porém, uma verdade de fé professada pela Igreja, que ensina que todas as criaturas humanas são redimidas, sem exceção, exclusivamente pelos méritos de Jesus Cristo. Ora, Maria é uma criatura e não uma deusa. Por isso, também ela deveria ter sido redimida por Jesus.

Os teólogos discutiram durante séculos sobre como Maria poderia ter sido redimida. Nunca, nenhum Santo Padre[1] duvidou da santidade de Maria, de seu coração inteiramente voltado para Deus, de ser uma mulher "cheia de graça" (*Lc* 1,28). Mas, ainda que a pudessem imaginar imaculada, havia teólogos que não conseguiam argumentos teológicos suficientes para crê-la isenta do pecado original. Um deles, por exemplo, foi São Bernardo, autor de belíssimos textos sobre Nossa Senhora, insuperável na descrição da maternidade divina de Maria.

Entre os teólogos favoráveis à Imaculada Conceição de Maria devemos mencionar o Bem-aventurado Duns Scotus, que argumentava assim: Deus *podia* criá-la sem mancha, porque a Deus nada é impossível (*Lc* 1,37); *convinha* que Deus a criasse sem mancha, porque ela estava predestinada a ser a Mãe do Filho de Deus e, portanto, ter todas as qualidades que não obscurecessem o filho; se Deus *podia*, se *convinha*, Deus a *criou* isenta do pecado original, ou seja, imaculada antes, durante e depois de sua conceição no seio de sua mãe.

Em 1615, encontramos o povo de Sevilha, na Espanha, cantando pelas ruas alguns versos, derivados do argumento de Duns Scotus: "Quis e não pôde? Não é Deus / Pôde e não quis? Não é Filho. / Digam, pois, que pôde e quis".

Também os artistas entraram na procissão dos que louvavam e difundiam a devoção à Imaculada. Nenhum foi tão feliz quanto o espanhol Murillo, falecido em 1682. A ele se atribuem

---

[1] Por Santos Padres ou Padres da Igreja entendemos os autores dos sete primeiros séculos, que escreveram sobre as verdades da fé, explicaram as Sagradas Escrituras, defenderam a fé verdadeira contra heresias, compuseram hinos litúrgicos e celebraram com homilias as festas religiosas das comunidades cristãs. Grande maioria deles foram bispos. Mas há também presbíteros e leigos. Os que foram discípulos dos Apóstolos são chamados de Padres Apostólicos. Os que enfrentaram publicamente os adversários da fé cristã são chamados de Padres Apologetas. Considera-se o último Santo Padre do Ocidente a São Gregório Magno, falecido em 604, e o último Santo Padre do Oriente a São João Damasceno, falecido em 749.

41 diferentes quadros da Imaculada, inconfundíveis, sempre a Virgem em atitude de assunta, cercada de anjos, a meia lua sob os pés, lembrando de perto a mulher descrita pelo Apocalipse: "revestida de sol, com a lua debaixo dos pés" (*Ap* 12,1). A lua, por variar tanto, é símbolo da instabilidade humana e das coisas passageiras. Maria foi sempre a mesma, sem nenhum pecado.

"No entanto, escreve o Santo Padre Pio IX, era absolutamente justo que, como tinha um Pai no céu, que os Serafins exaltam como três vezes santo, o Unigênito tivesse também uma Mãe na terra, em quem jamais faltasse o esplendor da santidade. Com efeito, essa doutrina se apossou de tal forma dos corações e da inteligência dos nossos antepassados, que deles se fez ouvir uma singular e maravilhosa linguagem. Muitas vezes se dirigiram à Mãe de Deus como a toda santa, a inocentíssima, a mais pura, santa e alheia a toda mancha de pecado, ... mais formosa que a beleza, mais amável que o encanto, mais santa que a santidade, ... a sede única das graças do Santíssimo Espírito, sendo, à exceção de Deus, a mais excelente de todos os homens, por natureza, e até mesmo mais que os próprios querubins e serafins. E para a decantarem os céus e a terra não acham palavras que lhes bastem" (Bula *Ineffabilis Dei*, 31)[2].

No dia 8 de dezembro de 1854, o bem-aventurado Papa Pio IX declarou verdade de fé a conceição imaculada de Maria. O dogma[3] soa assim: "Pela inspiração do Espírito Santo Paráclito, para honra da santa e indivisa Trindade, para glória e adorno da Virgem Mãe de Deus, para exaltação da fé católica e para a propagação da religião católica, com a autoridade de Jesus Cristo, Senhor nosso, dos bem-aventurados Apóstolos Pedro e Paulo,

---

[2] Pio IX, Bula *Ineffabilis Dei*, Coleção Documentos Pontifícios, n. 48, Editora Vozes, Petrópolis 1947.

[3] Dogma é uma verdade contida na revelação, uma verdade que a Igreja formula e propõe expressamente como objeto de fé. Nem todas as verdades ensinadas no Catecismo são dogmas. A última vez que a Igreja proclamou solenemente uma verdade de fé, ou seja, um dogma, foi no dia 1º de novembro de 1950, a verdade de que Maria, terminado o curso de sua vida na terra, foi elevada em corpo e alma ao céu.

e nossa, declaramos, promulgamos e definimos que a Bem-aventurada Virgem Maria, no primeiro instante de sua conceição, foi preservada de toda mancha de pecado original, por singular graça e privilégio do Deus Onipotente, em vista dos méritos de Jesus Cristo, Salvador dos homens, e que esta doutrina está contida na Revelação Divina, devendo, portanto, ser crida firme e para sempre por todos os fiéis" (Bula *Ineffabilis Dei*, 42).

A devoção à Imaculada é muito antiga. Basta lembrar que a festa é conhecida já no século VIII. Desde 1263, a Ordem Franciscana celebrou com muita solenidade a Imaculada Conceição, no dia 8 de dezembro de cada ano e costumava cantar a Missa em sua honra aos sábados. Em 1476, o Papa Sisto IV colocou a festa no calendário litúrgico da Igreja. Em 1484, Santa Beatriz da Silva, filha de pais portugueses, fundou uma Ordem contemplativa de mulheres, conhecidas como Irmãs Concepcionistas, para venerar especialmente e difundir o privilégio mariano da Imaculada Conceição de Maria, Mãe de Deus.

Desde a proclamação do dogma, no dia 8 de dezembro de 1854, a festa da Imaculada Conceição passou a ser dia santo de preceito. Em Roma, na Praça Espanha, para perenizar publicamente a declaração do dogma, levantou-se uma belíssima e trabalhada coluna, tendo no alto a estátua da Imaculada Conceição. Todos os anos, no dia 8 de dezembro à tarde, o Papa costuma ir à Praça e com o povo romano e os peregrinos reverenciar o privilégio da Imaculada Conceição da santíssima Virgem, privilégio que deriva de seu título maior: ser a Mãe do Filho de Deus Salvador.

Nem quatro anos depois de proclamado o dogma, em Lourdes, na França, à menina Bernardete, simples e analfabeta, que perguntava insistentemente à visão quem era ela, recebeu como resposta, cercada de terníssimo sorriso: "Eu sou a Imaculada Conceição".

Cinquenta anos depois, em 1904, escrevia o Papa São Pio X: "Não há quem ignore que todos os fiéis do universo acolheram esta proclamação com tal disposição de ânimo, com arroubos tais de júbilo e entusiasmo que jamais houve, na memória de todos os tempos, manifestação de piedade tão grandiosa e tão unânime, quer para com a augusta Mãe de Deus, quer para com o Vigário de Jesus Cristo" (*Ad Diem illud*, 1)[4].

Há um belo hino em latim à Imaculada Conceição, composto no século IV por um autor desconhecido, até hoje rezado e cantado na Igreja. É conhecido pelas primeiras duas palavras: *Tota pulchra* (Toda bela). Foi musicado por famosos compositores. Transcrevo uma das traduções: "Toda bela sois, Maria, / e a mancha original não há em ti! / Tu, glória de Jerusalém! / Tu, alegria de Israel! / Tu, honra do nosso povo! / Tu, advogada dos pecadores! / Ó Maria, / Virgem prudentíssima! / Mãe clementíssima! / Rogai por nós. / Intercedei por nós ao Senhor Jesus Cristo.

[4] Pio X, Carta Encíclica no cinquentenário da proclamação do Dogma da Imaculada Conceição. Editora Vozes, 1947, Coleção Documentos Pontifícios, n. 48.

3

CONSAGRAÇÃO DE MARIA A DEUS

Vimos no capítulo anterior a infância de Maria. Os Evangelhos nada falam dela. Mas dela falam bastante os apócrifos. O mesmo acontece com a celebrada consagração de Maria. Os apócrifos resolveram o caso enclausurando Maria dos três aos catorze anos no templo, entre as virgens tecelãs e bordadeiras. E isso por voto de seus pais. E fazem Maria sair do templo em idade núbil, prometida em casamento a José.

Na verdade, nada sabemos de Maria adolescente. Será que passava pela cabeça de Maria a ideia de uma vida virginal, quando a não maternidade era considerada maldição de Deus? Ainda que ela estivesse nos planos de Deus (como estava) para ser a mãe de Jesus, teria ela um comportamento diferente das outras jovens normais, honestas, virgens, à espera de um marido honesto e justo, que fosse o pai de seus filhos?

Tudo o que dissermos de Maria adolescente é imaginação nossa. Porém, se olharmos Maria depois que os fatos maravilhosos e inéditos aconteceram com ela, todos os adjetivos e substantivos se tornam poucos para descrever a jovem Maria e seu relacionamento com Deus. Por exemplo, só depois da maternidade divina de Maria, é que um papa pode escrever dela assim: "Era absolutamente justo que, como tinha um Pai no céu, que os serafins exaltam como três vezes santo, o Unigênito tivesse, também, uma mãe na terra em quem jamais faltasse o esplendor da santidade. Essa doutrina se apossou de tal forma dos corações e inteligência dos nossos antepassados que deles se fez ouvir uma singular e maravilhosa linguagem. Muitas vezes se dirigiram a ela como a toda santa, a inocentíssima, a mais pura, santa e alheia a toda mancha de pecado, toda pura, toda perfeita, verdadeiro modelo de inocência e pureza, mais formosa que a beleza, mais amável que o encanto, mais santa que a santidade, a mais santa e pura de alma e corpo, a que superou a toda pureza e virgindade, tornando-se, realmente, a sede única das graças do Santíssimo Espírito, sendo à exceção de Deus, a mais excelente que todos os homens, por natureza, e até mesmo mais que os próprios querubins e serafins. Para a decantarem os céus e a terra não acham palavras que lhes bastem" (Pio IX, Bula *Ineffabilis Dei*, 31)[1].

Já lembramos que muito cedo celebrou-se na Igreja do Oriente a festa para lembrar a consagração de Maria a Deus, a "Entrada da Santíssima Mãe de Deus no Templo", e a esse título dedicou-se no ano 543 uma Basílica em Jerusalém. No Ocidente, ou seja, na Igreja romana, a festa tomou o nome de "Apresentação da Bem-aventurada Virgem Maria". O Papa Sisto V, em 1585, introduziu a festa no calendário universal, no dia 21 de novembro, data em que a festa sempre fora celebrada. Mas, repetimos, não temos nenhum escrito que fale de uma consagração explícita de Maria nem ao serviço do Templo nem a Deus diretamente. Sabemos que ela era toda de Deus, porque o Anjo Gabriel a chamou de "cheia de graça" (*Lc* 1,28), ou seja, totalmente possuída por Deus. O Anjo reforçou a afirmação, dizendo logo em seguida: "O

[1] Pio IX, Bula *Ineffabilis Dei*, que proclama o dogma da Imaculada Conceição de Maria. Editora Vozes, Coleção Documentos Pontifícios, n. 48.

Senhor está contigo". Se não bastasse, temos uma explícita consagração na resposta de Maria: "Sou a serva do Senhor. Aconteça comigo segundo a tua palavra" (*Lc* 1,38). Neste momento, sim, temos a verdadeira consagração de Maria a Deus.

Quando uma criatura humana se consagra a Deus não faz outra coisa senão declarar-se serva do Senhor à inteira disposição de seu serviço, de sua vontade em todas as circunstâncias da vida, nada retendo para si nem de bens materiais nem de bens espirituais. Observemos, no entanto, uma certeza: quando um homem ou uma mulher se consagram assim a Deus, a iniciativa não parte de sua vontade humana. Mas parte de Deus, que os inspira e os chama individualmente, deixando-lhes a liberdade de aceitar ou não o convite. A consagração, portanto, antes de ser um gesto humano, é um gesto divino que, porém, não se impõe, mas convida.

Na *Exortação Apostólica pós-sinodal sobre a vida consagrada*[2], escreveu o Papa São João Paulo II: "Maria é, de fato, exemplo sublime de perfeita consagração, pela sua pertença plena e dedicação total a Deus. Escolhida pelo Senhor, que nela quis cumprir o mistério da Encarnação, lembra aos consagrados o primado da iniciativa de Deus. Ao mesmo tempo, dando o seu consentimento à Palavra divina que nela se fez carne, Maria aparece como modelo de acolhimento da graça por parte da criatura humana" (n. 28). Já o Concílio Vaticano II ensinara na *Lumen Gentium*: "Abraçando a vontade salvífica de Deus com coração pleno, consagrou-se totalmente como serva do Senhor à pessoa e obra de seu Filho, servindo sob ele e com ele ao mistério da redenção" (n. 56).

O momento da Anunciação é um belíssimo modelo de consagração. O Arcanjo representa a iniciativa de Deus, convidando Maria para um projeto novo, um projeto divino. Maria, mesmo

---

[2] João Paulo II, *Exortação Apostólica pó-sinodal sobre a Vida Consagrada e sua Missão na Igreja e no mundo,* coleção Paulinas, n. 147, São Paulo 1996, 224 p.

sem entender os caminhos por onde andaria dentro desse projeto, aceitou o convite, confiando na graça de Deus. O seu 'sim' foi sua consagração, aceita de imediato por Deus que, no mesmo instante pôs em andamento seu projeto. Deus nada impõe. Ele espera que a criatura use de sua liberdade. Deus havia escolhido Maria. E como a escolhera para ser a mãe de seu Filho, a ornara com todas as graças, particularmente com o privilégio de sua concepção imaculada, isto é, isenta do pecado original, que todos herdamos de Adão e Eva. No entanto, não a forçou. Quis uma resposta livre e responsável. E Maria a deu, entregando-se inteira e em tudo à sua vontade, ao seu plano. Sua consagração a Deus, seu *sim* não valeu apenas para o momento da encarnação em Nazaré (*Lc* 1,38), valeu para a noite de Belém (*Lc* 2,6), valeu para o "estava de pé" junto à cruz, no Calvário (*Jo* 19,25), valeu no dia de Pentecostes (*At* 1,14).

Maria é o modelo perfeito de uma vida consagrada. Sua resposta incondicionada ao chamado de Deus, sua absoluta fidelidade em todas as circunstâncias boas, adversas e terríveis, sua quase identificação com os passos de Cristo, fazem dela uma pessoa consagrada por excelência.

Destaco duas características da consagração. Uma delas é a disponibilidade. Deus pode fazer da pessoa consagrada o que quiser e a pessoa, embora sempre procurando compreender as exigências divinas (porque a disponibilidade não dispensa o uso da inteligência, da vontade e dos sentimentos) não deve recuar, mesmo quando a vontade misteriosa de Deus a leve ao Getsêmani ou ao Calvário. Servir a Deus nas horas boas, iluminadas de sol, não é difícil. É verdade que também nessas horas devemos servi-lo. O encontro entre Maria e Isabel, o canto do Magnificat são exemplos de momentos estupendos, fáceis, exultantes, que chamo de 'horas boas'. Mas não só nos momentos de primavera devemos ser fiéis à consagração. Mas também quando se faz noite, quando as decepções nos invadem que nem água suja de enchente incontrolada. A condenação, a paixão e a morte de Jesus foram para Maria desses momentos cruciais. Ela confiou contra toda esperança. Não lhe faltou a espada a atravessar-lhe o coração (*Lc* 2,35). Com o mesmo *sim* ao Arcanjo ela respondeu ao Filho torturado. O 'amém' (faça-se) de Maria fundiu-se de tal forma ao 'amém' de Deus que ninguém e nada os pôde separar (cf. *Rm* 8,35).

Outra característica é a gratuidade. Só pode compreender o que é a vida consagrada quem consegue alcançar a grandeza do significado da gratuidade. Desprendimento e gratuidade são as duas exigências mais difíceis do Evangelho. A gratuidade não é hábito normal da vida diária. Muito menos em nosso tempo inundado de consumismo, o que significa viver no jogo do comprar e vender e lucrar. A gratuidade corre por outros trilhos, que a maioria das criaturas morre sem conhecer. A pessoa consagrada nada pede em troca do serviço feito e muito menos exige. Nem pagamento. Nem aplausos. Nem recompensas. Nem gratidão. Maria viveu e serviu gratuitamente e na obscuridade da vida social. Ninguém sabe ao certo onde e quando nasceu. Ninguém anotou onde e quando morreu. No entanto, todos sabemos que ela passou, como Jesus, fazendo o bem (cf. *At* 10,38) e continua ainda hoje sendo a mãe solícita da comunidade cristã e modelo perfeito de consagração a Deus.

Muita gente emprega a palavra 'consagração' em sentido bem menor do que acabamos de expor. Por exemplo, o costume de a mãe consagrar a criança recém-batizada a Maria. Significa apenas entregar a criança à proteção da Mãe do Céu. Com esta consagração a criança não assume obrigações. Bem diferente da consagração religiosa, que não depende da vontade da mãe, e só tem sentido quando feita por uma pessoa adulta, consciente, livre, decidida a assumir, muitas vezes até por voto público, de viver em castidade, sobriedade e obediência, um determinado carisma (por ex., o beneditino ou o franciscano ou o redentorista).

Grande propagador da consagração a Maria foi São Luís Maria Grignion de Montfort († 1716), santo francês. Uma consagração mariana cristocêntrica, fortemente ligada às promessas batismais, vivida pelo Papa São João Paulo II, que tinha como lema de vida, de episcopado e de papa: 'Totus tuus'.

Há também a consagração a Nossa Senhora, mais expressão de carinho filial do que assunção de compromissos, a não ser o de viver fielmente as promessas do batismo. É costume antiquíssimo na comunidade cristã, bastante acentuado, por exemplo, por Santo Ambrósio († 397), Santo Ildefonso de Toledo († 667), São João Damasceno († 749). É comum o povo rezar ou cantar em nossas paróquias: "Ó Senhora minha, minha Mãe, eu me ofereço inteiramente a vós. E em prova de minha devoção, eu vos consagro neste dia meus olhos, meus ouvidos, minha boca, meu coração e todo o meu ser. E como assim sou vosso, ó boa e incomparável Mãe, guardai-me e defendei-me como coisa e propriedade vossa. Amém".

4

A MATERNIDADE DIVINA DE MARIA

O primeiro dos quatro dogmas marianos é o da maternidade divina de Maria. Primeiro, historicamente. Primeiro, como razão de todos os outros. O dogma que declara verdade de fé que Maria é Mãe de Deus foi proclamado pelo Concílio de Éfeso, no ano 431. Maria recebeu o nome de *Theotokos*, palavra grega que diz exatamente 'Mãe de Deus', e foi julgado insuficiente o título de *Christotokos*, ou seja, 'Mãe de Cristo'.

A controvérsia era chefiada, de um lado, pelo Patriarca de Constantinopla, Nestório, bispo famoso como orador sacro, como líder e organizador, como conhecedor das Escrituras; por outro lado, o Patriarca de Alexandria, Cirilo, também exímio pregador, teólogo refinado, excelente bispo. Ambos tinham seguidores bispos, padres, leigos. Nestório ensinava que Maria era só mãe do Cristo-homem, porque lhe parecia absurdo uma criatura ser mãe do criador. Cirilo contestava com veemência, afirmando que não podia haver dois Cristos, um homem e outro Deus. E havendo um Cristo só, embora com duas naturezas inseparáveis, Maria era mãe do Cristo-homem e mãe do Cristo-Deus, portanto sua maternidade era tão divina quanto humana, ela era verdadeiramente *Theotokos*, Mãe de Deus. O Concílio deu razão a Cirilo e declarou herética a posição de Nestório que, humildemente, se retirou da vida pública e voltou à vida que levava antes de ser bispo e patriarca, a vida de monge.

Na carta encíclica *Fulgens Corona*[1], com que o Papa Pio XII comemorou os cem anos do dogma da Imaculada Conceição, vem lembrado que a maternidade divina de Maria constitui a mais alta missão, depois da que recebeu o Cristo, na face da terra, e que esta missão exige a graça divina em toda a sua plenitude. Continua o Papa: "Na verdade, desta sublime missão de Mãe de Deus nascem, como de uma misteriosa e limpidíssima fonte, todos os privilégios e graças, que adornam, de uma forma admirável e em uma abundância extraordinária, a sua alma e a sua vida. Por isso, com razão declara Santo Tomás de Aquino que a Bem-Aventurada Virgem Maria, pelo fato de ser Mãe de Deus, recebe do bem infinito, que é Deus, uma certa dignidade infinita" (n. 10).

Depois de Cristo, a maior e mais excelsa missão na terra; por causa de Cristo, revestida de certa dignidade infinita: mais não se pode dizer de uma criatura, privilegiada, plena da graça divina, mas sempre criatura, sempre mulher de carne e sangue. A partir do Concílio de Éfeso, a maternidade divina de Maria é doutrina constante e unânime na Igreja. Repete-a o Concílio Vaticano II, na Constituição *Lumen Gentium*[2]: "A Virgem Maria, que na Anunciação do anjo, recebeu o Verbo de Deus no coração e no corpo e trouxe ao mundo a Vida, é reconhecida e honrada como verdadeira Mãe de Deus e do Redentor" (n. 53).

Acrescenta a *Lumen Gentium*: "Unida a Cristo por um vínculo estreito e indissolúvel, é dotada da missão sublime e da dignidade de ser Mãe do Filho de Deus, e, por isso, filha predileta do Pai e sacrário do Espírito Santo" (n. 53). São Francisco, em sua singela e belíssima oração, intitulada *Saudação à Mãe de Deus*, expressa

---

[1] Pio XII, *Carta Encíclica Fulgens Corona*, coleção Paulinas, n. 16.
[2] *Lumen Gentium*, coleção Paulinas, n. 31.

a mesma verdade, com palavras embebidas de ternura: "Salve, ó Senhora santa, Rainha santíssima, Mãe de Deus, ó Maria, que sois virgem feita igreja, eleita pelo santíssimo Pai celestial, que vos consagrou por seu santíssimo e dileto filho e o Espírito Santo Paráclito! Em vós residiu e reside toda a plenitude da graça e todo o bem!"

Lucas, o Evangelista mariano, procurou contar em palavras humanas o momento estupendo e inefável da Encarnação de Deus no seio de Maria. O dogma da maternidade divina de Maria está estreitamente ligado ao dogma da Encarnação do Filho de Deus. A partir daquele momento, o mistério e a missão de Cristo – Deus-homem e homem-Deus – une-se para sempre ao mistério e à missão de Maria de Nazaré. O mistério e a missão de Maria, porém, só têm sentido no mistério e na missão de seu Filho. Jesus, autor da Graça, toma carne daquela que ele plenificara de Graça já antes da Anunciação. Criaturas humanas e criaturas angelicais olham extasiadas o fato inimaginável: uma mulher ser genitora de seu genitor e a saúdam como filha de seu filho.

Maria é chamada pelo anjo de 'cheia de graça', porque "a Encarnação do Verbo, a união hipostática[3] do Filho de Deus com a natureza humana se realiza e se consuma precisamente em Maria" (*Redemptoris Mater*, n. 9)[4].

São Bernardo, em um de seus sermões sobre a Anunciação, demora-se em observar Maria no exato momento de seu sim à maternidade divina, um sim que mudaria os rumos da história, que recriaria o mundo, que possibilitaria uma nova e eterna comunhão entre Deus e as criaturas. Transcrevo um trecho: "Ó Virgem piedosa, o pobre Adão, expulso do paraíso com sua mísera descendência, implora a tua resposta. Implora-a Abraão, implora-a Davi; e os outros patriarcas, teus antepassados supli-

---

[3] É uma palavra grega. Em teologia significa a união perfeita e inseparável da natureza humana de Jesus Cristo com a natureza divina, formando uma só pessoa.

[4] João Paulo II, *Redemptoris Mater*, carta encíclica sobre a Mãe do Redentor, coleção Paulinas, n. 116.

cam esta resposta. Toda a humanidade, prostrada a teus pés, a aguarda. E não é sem razão, pois do teu consentimento depende o alívio dos infelizes, a redenção dos cativos, a libertação dos condenados, a salvação de todos os filhos e filhas de Adão, de toda a tua raça. Responde depressa, ó Virgem! Pronuncia, ó Senhora, a palavra esperada pela terra, pelos infernos e pelos céus. O próprio Rei e Senhor de todos, tanto quanto cobiçou a tua beleza, deseja agora a tua resposta afirmativa, porque por ela decidiu salvar o mundo. Agradaste a ele pelo silêncio, muito mais lhe agradarás pela palavra. Se tu lhe fizeres ouvir a tua voz, ele te fará ver a nossa salvação".

Esse trecho não só é retoricamente bonito, mas também nos ensina como Deus respeitou a liberdade de Maria. Não lhe impôs a maternidade divina. Predestinou-a, mas lhe pediu o consentimento. Elegeu-a desde antes da criação do mundo, ornou-a com todas as graças, mas aguardou seu sim, sua disponibilidade. No esquema de sermão que Santo Antônio preparou para o domingo depois de Epifania, escreve: "Deus, Filho de Deus, recebeu da Santíssima Virgem a natureza humana na unidade da pessoa. O Pai deu a divindade, a mãe deu a humanidade; o Pai deu a majestade, a Mãe deu a fraqueza".

O sim de Maria veio acompanhado de uma declaração de humildade: "Sou a serva do Senhor" (*Lc* 1,38). Volto a citar São Bernardo: "Que sublime humildade é esta que não soube ceder às honras e não sabe orgulhar-se na glória! É escolhida para ser a Mãe de Deus e se proclama a serva. É certamente sinal de grande humildade não se esquecer de ser humilde quando é oferecida tamanha glória. Não é grande coisa mostrar-se humilde quando se é desprezado; ao contrário, é virtude insigne e rara ser humilde quando se é honrado".

Com o sim de Maria, o Filho de Deus assumiu a carne humana; "subsistindo na condição de Deus, não se apegou à sua igualdade com Deus, tornou-se solidário com os seres humanos e apresentou-se como simples homem" (*Fl* 2,6-7). A paternidade de Deus une-se para sempre à maternidade da jovem Maria de Nazaré. O 'faça-se' de Deus ao criar o universo soma-se ao 'faça-se' de Maria para recriar, em seu Filho, todas as coisas na face da terra. Em Jesus Cristo, Messias e Salvador, não se separam mais a paternidade de Deus, que fecundou Maria mediante o Espírito Santo, e a maternidade de Maria, que acreditou no convite.

O 'faça-se' de Maria encerra o tempo da espera; as criaturas, tendo à frente o Filho de Deus concebido no seio virginal de uma mulher, entram na "plenitude dos tempos" (*Gl* 4,4): "pelo ingresso do eterno no tempo, do divino no humano, o próprio tempo foi redimido e, tendo sido preenchido pelo mistério de Cristo, se torna definitivamente tempo de salvação" (*Redemptoris Mater*, 1). Maria tornou-se assim, o início, as primícias da Igreja.

Estamos diante de vários mistérios unidos, que perfazem o grande e inaudito mistério da salvação. É estupendo, mas verdadeiro. É inédito e acima de qualquer inteligência humana, mas é obra, graça e vontade de Deus e, como afirmou o anjo na hora da Anunciação, "para Deus, nada é impossível" (*Lc* 1,37).

Assim que o Concílio de Éfeso, em 431, declarou verdade de fé a maternidade divina de Maria, o bispo Cirilo de Alexandria pronunciou um discurso que ficou famoso na história. Transcrevo um trecho: "Salve, Maria, Mãe de Deus, aclamada pelos profetas, bendita pelos pastores, quando com os anjos cantaram o sublime hino de Belém: Glória a Deus nas alturas e paz na terra aos homens de boa vontade! Salve, Maria, Mãe de Deus, alegria dos anjos, júbilo dos arcanjos que te glorificam no céu! Salve, Maria, Mãe de Deus, por ti adoram a Cristo os Magos guiados pela estrela do Oriente! Salve, Maria, Mãe de Deus, honra dos apóstolos! Salve, Maria, Mãe de Deus, por quem João Batista, ainda no seio de sua mãe exultou de alegria, adorando como luzeiro a perene luz! Salve, Maria, Mãe de Deus, que trouxeste ao mundo graça inefável, da qual diz São Paulo: apareceu a todos os homens a graça de Deus salvador! Salve, Maria, Mãe de

Deus, que fizeste brilhar no mundo aquele que é luz verdadeira, a Nosso Senhor Jesus Cristo, que diz em seu evangelho: eu sou a luz do mundo. Deus te salve, Mãe de Deus, que alumiaste os que estavam em trevas e sombras de morte! Salve, Maria, Mãe de Deus, por quem veio ao mundo o vencedor da morte e o destruidor do inferno! Salve, Maria, Mãe de Deus, por quem veio ao mundo o autor de toda a criação e o restaurador das criaturas, o rei dos céus! Salve, Maria, Mãe de Deus, por quem são salvos todos os fiéis!".

5

MARIA DO MAGNIFICAT

Nossa oração mais pura e elevada é aquela que canta os louvores de Deus e a maravilha de sua misericórdia na história da salvação. O canto de Maria (único cântico de Maria), conhecido pela primeira palavra do hino, *Magnificat*, é um dos modelos mais sublimes e inspirados de uma oração de louvor, o que pressupõe um coração cheio de fé e de gratidão.

O Magnificat é um hino de gratidão de Maria pelo mistério da Encarnação do Filho de Deus e gratidão por Deus havê-la escolhido entre as mulheres de todas as gerações. Dizia o Papa Francisco em um de seus sermões: "O Magnificat é um cântico de louvor e agradecimento a Deus não só pelo que fez nela, mas também pela sua ação em toda a história da salvação. Tudo é dom dele".

O Magnificat é um hino de fé no Deus que a criou, santificou e a escolheu para um serviço inédito e único na história. De fé no Filho de Deus e sua missão redentora e transformadora da criação decaída. O Magnificat é uma pausa de meditação dentro do Evangelho diante da encarnação da misericórdia divina.

Na Anunciação o anjo elogiara o Filho que nasceria dela: será grande, será Filho do Altíssimo, herdará o trono de Davi, seu reinado não terá fim. Agora, no Magnificat,

Maria extravasa seus sentimentos de mulher surpreendida pelo mistério, de serva escolhida, que assume sua missão com uma só palavrinha *Fiat*, palavrinha que tem tamanho maior que a soma de todas as decisões positivas humanas até então. O Magnificat é a repetição acentuada e pública do *Faça-se*. Na Anunciação Maria estava sozinha. Na hora do Magnificat Isabel representa toda a humanidade que, vendo Maria extravasar seus sentimentos diante do fato inefável da Encarnação de Deus, a chama de bendita, de Mãe do Senhor, de bem-aventurada, ou seja, de mulher na plenitude da humanidade e agora também na plenitude da divindade, porque traz encerrado no útero Deus infinito e eterno.

Maria já não está sozinha envolta no mistério. Todas as gerações estão e estarão com ela, porque o mistério da Encarnação não é propriedade dela, mas pertence a toda a humanidade. Por isso também Maria proclama as grandes novidades que seu filho trará ao mundo. Uma delas a elevação da humildade como qualidade fundamental e ápice da nova família de Deus. A medida da grandeza da criatura será a humildade. A palavra 'humildade' tem a ver com 'húmus', terra. O homem foi criado de barro. O homem deverá se reconhecer criatura frágil como o barro. Esta criatura frágil como o barro será elevada a filho e filha de Deus pela via da humildade. E Maria é o exemplo: "Deus olhou para a humildade de sua serva", fazendo-a mãe do Senhor. E Jesus dirá a todos: "Aprendei de mim, que sou humilde de coração" (*Mt* 11,20).

Outra novidade na nova família de Deus na terra é o caminho da misericórdia, do coração sempre pronto a ajudar os necessitados: Sua misericórdia se estende de geração em geração. O caminho da misericórdia nos explica por que Deus faz chover sobre justos e injustos e derrama a luz do sol sobre gratos e ingratos. E nos explica Jesus assentado à mesa de pecadores nos advertindo: "Sede misericordiosos como vosso Pai do Céu é misericordioso" (*Lc* 6,36).

Lembremos uma terceira novidade cantada no Magnificat: a universalidade da nova família de Deus. Não conta o sangue. Não conta a idade. Todos os povos e todas as gerações são chamados para encontrar-se com o Filho de Deus feito homem e assumirem "o poder de se tornarem filhos de Deus" (*Jo* 1,12).

O Magnificat tem uma característica: pode ser rezado no tempo presente, no tempo passado e no tempo futuro sem modificar seu conteúdo. É que o tempo do verbo em grego, usado por Lucas, chamado *aoristo*, que não temos em português, pode expressar um passado histórico, um presente sapiencial e um futuro profético: Deus põe os olhos na humildade de sua serva e o Poderoso faz em mim coisas maravilhosas; Deus pôs os olhos na humildade de sua serva e o Poderoso fez em mim coisas maravilhosas; Deus porá os olhos na humildade de sua serva e o Poderoso fará em mim coisas maravilhosas. Derruba os poderosos de seus tronos e eleva os humildes; derrubou os poderosos de seus tronos e elevou os humildes; derrubará os poderosos de seus tronos e elevará os humildes.

O Magnificat, portanto, pode ser considerado um cântico do passado, que história a experiência espiritual do Antigo Testamento (que valorizava a observância da lei e a posse de bens materiais) e um canto do futuro, que propõe a experiência de uma nova espiritualidade (que valoriza a misericórdia e o desapego).

Na verdade, o Magnificat é inteiramente composto de frases e expressões do Antigo Testamento. Não é uma colcha de retalhos, mas um excepcional e harmonioso mosaico. Une as esperanças dos profetas e justos aos acontecimentos dos tempos messiânicos. Escrevia o Papa Bento XVI na encíclica *Deus Caritas est*[1] (n. 45): "O Magnificat é inteiramente tecido com fios da Sagrada Escritura, com fios tirados da Palavra de Deus. Dessa maneira se manifesta que ela se sente verdadeiramente em casa na Pala-

[1] Bento XVI, Carta Encíclica *Deus Caritas est*, coleção Paulinas, n. 189.

vra de Deus, dela sai e a ela volta com naturalidade. Fala e pensa com a Palavra de Deus, que se torna palavra dela, e a sua palavra nasce da Palavra de Deus. Fica evidente que seus pensamentos estão em sintonia com os de Deus, que o dela é um querer juntamente com Deus. Vivendo intimamente permeada da Palavra de Deus, ele pode tornar-se a mãe da Palavra encarnada".

Vejamos alguns exemplos. Disse Maria: "Minha alma engrandece o Senhor". Disse Ana, mãe de Samuel: "Minha alma exulta no Senhor" (*1Sm* 2,1). Disse Maria: "Meu espírito exulta em Deus meu Salvador". Disse o profeta Habacuc: "Exultarei em Deus meu Salvador" (*Hab* 3,18). Disse Maria: "Porque olhou para a humildade de sua serva". Disse Ana, mãe de Samuel: "Senhor, se olhares para a humildade de tua serva" (*1Sm* 2,11). Disse Maria: "De ora em diante todas as gerações me chamarão bem-aventurada". Disse Lia, a primeira mulher de Jacó: "Todas as mulheres me chamarão de bendita" (*Gn* 30,13). Disse Maria: "Grandes coisas fez em mim o Onipotente e santo é seu nome". Diz o salmo 126, 3: "Grandes coisa fez por nós o Senhor". Disse Maria: "Sua misericórdia se estende de geração em geração sobre aqueles que o temem". Diz o salmo 103,11: "Grande é a sua misericórdia sobre aqueles que o temem". Disse Maria: "Mostrou o poder de seu braço, dispersou os soberbos nos pensamentos de seu coração". Diz o salmo 89,11: "Esmagaste os inimigos com o poder do teu braço". Disse Maria: "Depôs do trono os poderosos e exaltou os humildes". Disse o Sirácida: "O Senhor derrubou do trono os poderosos e em seu lugar fez assentar-se os humildes" (*Eclo* 10,14). Disse Maria: "Encheu de bens os famintos e aos ricos despediu de mãos vazias". Disse Ana, mãe de Samuel: "O Senhor tornou pobre o rico e levantou do pó o pobre e do lixo ergueu o indigente" (*1Sm* 2,7). Disse Maria: "Socorreu Israel seu servo, recordando-se de sua misericórdia". Diz o salmo 98, 3: "O Senhor lembrou-se de sua misericórdia e de sua fidelidade para com Israel". Disse Maria: "Como havia prometido a nossos pais, a Abraão e a sua descendência para sempre". Disse o profeta Miquéias: "Concederás a Jacó a fidelidade, o amor a

Abraão, como prometeste a nossos pais desde os tempos antigos" (*Mq* 7,20). Rezar a partir de textos sagrados é uma excelente forma de oração. O ideal seria estarmos de tal modo impregnados dos textos divinos que eles apareçam espontâneos em nossa mente e nossos lábios como o suor aparece em nossa pele.

Dissemos que o Magnificat é um hino de louvor e de agradecimento. Podemos ainda dizer que o Magnificat é uma oração de elogios, que partem de um coração agradecido. É um elogio à fé. Já Isabel dissera "Bem-aventurada és tu, porque creste". Esta frase poderia ter sido dita pelo anjo Gabriel, quando Maria disse seu sim. Quando Maria chama o Senhor de 'Todo Poderoso', que 'mostra o poder de seu braço', confessa fé no Deus Criador, no Deus que pode refazer a criação por intermédio do Filho, que ela trazia no útero. Quando fala das maravilhas que Deus fez nela, mostra fé nos planos messiânicos de Deus.

O Magnificat é um elogio à esperança. A esperança é uma virtude voltada para o futuro. O mistério da Encarnação foi o começo de uma longa história de esperança. Com a mão sobre seu útero, onde está o Salvador do Mundo, Maria canta o futuro da humanidade redimida, a utopia do fim do pecado, da prepotência, da desigualdade, da fome de comida e da fome de divinização. Maria canta a chegada da plenitude dos tempos.

O Magnificat elogia a virtude do serviço. Que não é comportamento escravo, mas partilha de bens. Ela se declarara 'serva' ao anjo. Agora se alegra de poder servir: Deus aceitou a humildade de sua serva. E foi à casa de Isabel para servir. Entra na casa da humanidade inteira para servir, começando com a doação de seu filho em benefício de todos.

O Magnificat é um elogio à misericórdia, ou seja, ao coração aberto ao necessitado, ao coração acolhedor e serviçal. São Paulo diz que Deus é rico em misericórdia (*Ef* 2,4). Podemos dizer que Deus é misericórdia absoluta. Quando Maria canta o Deus que acolhe o humilde, o faminto, o servo, canta a misericórdia e a ternura divinas.

Lembremos ainda que o Magnificat é um elogio à missão que temos de levar Jesus aos irmãos. Escreveu São João Paulo II na encíclica *Ecclesia de Eucaristia*[2]: "Na visitação, quando Maria leva no seu ventre o Verbo encarnado, de certo modo ela serve de sacrário – o primeiro sacrário da história – para o Filho de Deus que, ainda invisível aos olhos humanos, se presta à adoração de Isabel, como que irradiando a sua luz através dos olhos e da voz de Maria" (n. 55). Voz de Maria, cantando o seu Magnificat, elogiando a misericórdia e a bondade de Deus, elogiando a chegada dos novos tempos, assumindo alegre sua missão de mãe do Salvador, anunciando que as promessas feitas no Antigo Testamento se realizam agora de forma surpreendente e por caminhos inesperados.

[2] João Paulo II, Carta Encíclica *Ecclesia de Eucharistia*, coleção Paulinas, n. 185.

6

O ESPÍRITO SANTO E MARIA

O mistério de Maria é inseparável do mistério do Espírito Santo. Mais: dele depende. O Apocalipse fala de uma mulher vestida de sol (12,1). Esse sol é o Espírito Santo, que a enriqueceu de todas as graças desde quando o Pai a escolhera para ser a mãe de seu Filho. E quando, cheia de graça, chegada a plenitude dos tempos (*Gl* 4,4), ela deveria conceber Jesus, é o Espírito Santo que a fecunda, como rezamos no Credo: "O Filho unigênito de Deus por nós e para nossa salvação desceu dos céus e se encarnou pelo Espírito Santo, no seio da Virgem Maria".

Revestida de sol, coberta pelo Espírito Santo, Maria tornou-se, no dizer de São Bernardo, "um abismo de luz, gestando o verdadeiro Deus, Deus e homem ao mesmo tempo", e, diante desse fato, observa ainda São Bernardo, "até o olho angélico fica ofuscado com a potência de tal fulgor".

Sol e luz são figuras para expressar um fato: Maria, senhora de todas as bênçãos, concebe o Filho de Deus, por obra e graça do Espírito Santo, e é associada para sempre à obra redentora do Cristo e à missão do Espírito Santo Paráclito na história da salvação. Afirma o Evangelista Lucas que, à pergunta de Maria como seria possível conceber, se ela não conhecia homem algum, o anjo lhe garantiu: "O Espírito Santo descerá sobre ti" (*Lc* 1,15). Comenta o Catecismo[1]: "A missão do Espírito Santo está sempre conjugada e ordenada ao Filho. O Espírito Santo é enviado para santificar o seio da Virgem Maria e fecundá-lo divinamente, ele que é 'o Senhor que dá a Vida', fazendo com que ela conceba o Filho Eterno do Pai em uma humanidade proveniente da sua" (484-485).

Para expressar essa unidade de mistérios entre Maria e o Espírito Santo, os teólogos não hesitam em chamar Maria de Esposa do Espírito Santo. Assim, São Francisco, na antífona que compôs para o Ofício da Paixão do Senhor, reza: "Santa Virgem Maria, não há mulher nascida no mundo semelhante a vós, serva do Altíssimo Rei e Pai celestial, Mãe do nosso Santíssimo Senhor Jesus Cristo, Esposa do Espírito Santo".

A festa litúrgica, que celebra a encarnação de Jesus, chamada Solenidade da Anunciação do Senhor (25 de março), une estreitamente Jesus, Maria e o Espírito Santo. Na encíclica sobre o Espírito Santo[2], dizia o Papa São João Paulo II: "A concepção e o nascimento de Jesus Cristo são a obra maior realizada pelo Espírito Santo na história da criação e da salvação" (n. 50).

Encontrei em um livro intitulado *Meditações*, atribuído a São Boaventura, mas que certamente não é dele, um hino composto para a festa da Anunciação: "Hoje, é a festa inaudita do Pai, que celebra as núpcias do Filho com a natureza humana, unida a ele indissoluvelmente. Hoje, é a festa nupcial do Verbo concebido no seio da Virgem para nascer do seio da Mãe. Hoje é a festa admirável do Espírito Santo que opera a encarnação de Deus e mostra aos homens o início de sua rica misericórdia. Hoje, é a festa da gloriosa Senhora nossa, filha do Pai, mãe do Filho, esposa do Espírito Santo. Hoje, é a festa da humanidade elevada e divinizada. Hoje, o Filho de Deus se faz nosso irmão e paráclito, iniciando sua caminhada na terra, caminho igual ao

[1] *Catecismo da Igreja Católica*, Editora Vozes, Petrópolis 1993, 744 p.

[2] João Paulo II: *Dominum et vivificantem*, o Espírito Santo na vida da Igreja e do mundo, coleção Paulinas, n. 112.

nosso. Hoje, o pão vivo é empastado no seio da Mãe para ser assado na cruz pelo Espírito Santo e dado como vida ao mundo. Hoje, é o dia que se chama 'plenitude dos tempos', alegria pura, gáudio, júbilo, exultação".

Jesus é a razão de ser de todos os privilégios e da própria missão de Maria. O Espírito Santo consagra Maria, fecunda-a e, ao mesmo tempo une-se à missão salvadora de Jesus, tornando-o o Cristo, o Ungido de Deus. Vários momentos da vida terrena de Jesus mostram-no cheio do Espírito Santo (*Lc* 4,1; *Jo* 1,33), movido pelo Espírito Santo (*Lc* 4,18) e tendo o Espírito Santo como testemunha de sua messianidade e de sua doutrina (*Lc* 12,12; *Jo* 14,26; 16,13).

Ao dobrarmos os joelhos diante do mistério da encarnação, adoramos a Trindade santa: o Pai que envia o Filho, o Filho que, permanecendo Deus, obedece e assume o corpo humano, o Espírito Santo, que possibilita a concepção imaculada de Jesus. Dentro desse mistério e protagonista dele encontra-se Maria, mulher como todas as mulheres, mas associada misteriosamente, por meio da maternidade divina, à missão redentora e santificadora do mundo. "Por isso mesmo – escreve o Papa Pio IX na Bula de proclamação do dogma da Imaculada Conceição – Deus a cumulou, de maneira tão admirável, da abundância dos bens celestes do tesouro de sua divindade, mais que a todos os espíritos angelicais e todos os santos, de tal forma que ficaria absolutamente isenta de toda e qualquer mancha de pecado, podendo, assim, toda bela e perfeita, ostentar uma inocência e santidade tão abundantes, quais outras não se conhecem abaixo de Deus, e que pessoa alguma, além de Deus, jamais alcançaria, nem em espírito" (*Ineffabilis Dei*, n. 2).

Diante de Maria, envolta pela inaudita graça da maternidade divina, São Francisco, apaixonado pelo mistério da encarnação, prorrompe em uma saudação em que, faltando palavras, busca com símbolos e comparações dizer o que lhe vai na mente e no coração: "Salve, Senhora santa, Rainha santíssima, Mãe de Deus, ó Maria, que sois Virgem feita igreja, eleita pelo santíssimo Pai celestial, que vos consagrou por seu santíssimo e dileto Filho e o Espírito Santo Paráclito! Em vós residiu e reside toda a plenitude da graça e todo o bem! Salve, ó palácio do Senhor! Salve, ó tabernáculo do Senhor! Salve, ó morada do Senhor! Salve, ó manto do Senhor! Salve, ó serva do Senhor! Salve, ó Mãe do Senhor! Salve, vós todas, ó santas virtudes derramadas, pela graça e iluminação do Espírito Santo, nos corações dos fiéis, transformando-os em fiéis servos de Deus".

Sempre na tentativa de expressar com palavras humanas aquele momento único da encarnação do Senhor, há teólogos que se demoram em comparar a presença dinâmica do Espírito Santo na pessoa de Maria com o início da criação, quando, segundo o Gênesis (1,2) o Espírito de Deus soprava forte sobre as águas, ou seja, separava os elementos, ordenava-os, permitindo o nascimento da vida na terra. Rezamos no Credo: "Creio no Espírito Santo, Senhor que dá a vida". Dar a vida é uma das atribuições do Espírito Santo. Na primeira criação, o Espírito como que fecundou a Natureza. Na segunda criação, inaugurada na Anunciação, o Espírito Santo não só fecundou Maria que, como mulher, concebeu e deu início a uma vida, mas também se tornou autor daquele que mais tarde declarou explicitamente: "Eu sou a vida" (*Jo* 11,25; 14,6).

Dar vida é sinônimo da missão de Jesus na terra. Por isso mesmo, toda a missão de Jesus está prenhe do Espírito Santo. Jesus foi preciso: "Eu vim para que todos tenham a vida em plenitude" (*Jo* 10,10). Esta plenitude da vida nos é dada pelo Espírito Santo, ligada ao mistério da Encarnação do Senhor, liga à própria vida do Filho de Deus na terra, obra e graça do Espírito Santo. Plenitude de vida aqui na terra e plenitude de vida na comunhão eterna com Deus. Aqui na terra, na vivência dos dons do Espírito Santo, que Maria recebeu em superabundância, particularmente a fé, a esperança e a caridade, que explodiram no seu sim ao plano de Deus e a mantiveram ao lado do Filho em todas as circunstâncias, inclusive ao pé da Cruz. Dos mesmos dons recebemos a coragem e a graça de acompanhar o Senhor Jesus e, na força do Espírito Santo, testemunhá-lo em nossa vida e em nossas ações e sermos pelo Senhor recebidos na morte e transportados à comunhão eterna com a Trindade.

Há um outro momento na história da salvação, fundamental também ele, no qual a Escritura acentua a presença de Maria, envolta no Espírito Santo. Refiro-me a Pentecostes. Na encíclica *Redemptoris Mater* – sobre o papel de Maria na história e na vida da Igreja – escreveu o Papa São João Paulo II: "Na economia redentora da graça, atuada sob a ação do Espírito Santo, existe uma correspondência singular entre o momento da Encarnação do Verbo e o momento do nascimento da Igreja. A pessoa que une estes dois momentos é Maria: Maria em Nazaré e Maria no Cenáculo de Jerusalém. ... Assim, aquela que está presente no mistério de Cristo como Mãe, torna-se – por vontade do Filho e por obra do Espírito Santo – presente no mistério da Igreja" (n. 24).

Quando a Igreja declara que o Espírito Santo é sua alma (*Lumen Gentium*, 7), está reconhecendo nele a vida que a sustenta, a dinamiza, a santifica e lhe é garantia de fidelidade. Maria é o ícone da Igreja. Cheia do Espírito Santo, por sua obra e graça, ela deu à luz o Filho de Deus. A Igreja, sempre por obra e graça do Espírito Santo, gera os filhos para Deus. Se Maria foi verdadeiramente Mãe do Jesus histórico, concebido em Nazaré, nascido em Belém, crucificado e morto em Jerusalém, ela é também a verdadeira Mãe da Igreja, corpo místico do Cristo ressuscitado, vivo e presente até os confins do mundo e até o fim dos tempos.

Transcrevo uma oração atribuída a Santo Ildefonso de Toledo: "Ó Virgem Imaculada, aquele que armou sua tenda em ti, enriqueceu-te com os sete dons de seu Santo Espírito, como sete pedras preciosas. Primeiro, ornou-te com o dom da Sabedoria, em força do qual foste divinamente elevada ao Amor dos amores. Depois, deu-te o dom do Intelecto, pelo qual subiste às culminâncias do esplendor hierárquico. O terceiro dom com que foste agraciada foi o do Conselho, que te fez virgem prudente, atenta e perspicaz. O dom da Ciência que recebeste foi confirmado pelo próprio magistério de teu Filho. O quinto dom, o da Fortaleza, o manifestaste na firme perseverança, na constância e no vigor contra as adversidades. O dom da Piedade fez-te clemente, piedosa, compreensiva, porque tinhas infusa a caridade. Pelo sétimo dom, o Temor de Deus transpareceu na tua vida simples e respeitosa diante da imensa majestade. Alcança-nos estes dons, ó Virgem três vezes bendita, tu, que mereceste ser chamada o Sacrário do Espírito Santo. Amém".

7

MARIA SEMPRE VIRGEM

O segundo, na ordem histórica, dos quatro dogmas marianos é o da virgindade de Maria, antes, durante e depois do parto de Jesus. O dogma foi proclamado em 649, pelo Concílio Ecumênico do Latrão. Uma declaração dogmática, na Igreja, é necessariamente antecedida por séculos de estudos, debates, aprofundamentos e, muitas vezes, superação de doutrinas heréticas. A partir de 649, não houve mais nem no Oriente nem no Ocidente vozes discordantes. A Liturgia cristã, que é a teologia feita oração, a literatura e as artes em todas as épocas enalteceram a virgindade perpétua de Maria, por ser Maria a Mãe de Deus. Convém acentuar sempre de novo que é em sua maternidade divina que radicam sua virgindade e todos os outros privilégios marianos.

A antífona mariana que a Igreja reza há séculos no final da oração da noite, que começa com as palavras *Alma Redemptoris Mater* (Mãe santíssima do Redentor), canta ternamente a virgindade de Maria: "Tu, que acolheste a palavra de Gabriel e, diante de uma natureza extasiada, geraste teu próprio Criador e permaneceste virgem antes e depois do parto, tem piedade de nós pecadores". O bispo São Sofrônio, do VII século: "Salve, ó Mãe de Deus, não desposada! Salve, ó virgem integérrima depois do parto! Salve admirável espetáculo maior que todos os prodígios! Quem pode descrever teu esplendor? Quem pode cantar o teu mistério?" Cinco séculos depois de São Sofrônio, dizia Santo Antônio no sermão da Anunciação: "Assim como a açucena não perde a flor ao produzir o perfume, assim a Virgem Santíssima não perdeu a flor da virgindade ao dar à luz o Salvador". E no sermão para o 12º domingo de Pentecostes, ensinava ao povo: "O Pai renovou os prodígios e fez novas maravilhas no nascimento de seu Filho. O primeiro Adão foi criado de terra virgem. Nele significava-se que o segundo Adão havia de nascer da terra da bendita Virgem Maria. Foi admirável quando o fogo ardia e não se apagava (*Ex* 3,2); quando a vara de Aarão produziu frutos sem orvalho (*Nm* 17,23). A sarça e a vara são Maria Santíssima, que, sem dor deu à luz o Filho de Deus, tendo ficado intacto o pudor da virgindade".

Ao declarar a virgindade de Maria, a Igreja afirma que ela concebeu sem a concorrência do sêmen masculino. Para quem crê, os Evangelhos são suficientemente elucidativos. Lembremos o texto de Lucas: "O anjo[1] Gabriel foi enviado da parte de

[1] Anjo é uma palavra grega, que significa *mensageiro*. Também a palavra hebraica tem o mesmo sentido. De fato, os anjos, criaturas de Deus como os homens, têm como missão especial, segundo a Bíblia, serem mensageiros de Deus, e neste sentido estão sempre a serviço. Nem o Antigo nem o Novo Testamentos duvidaram da existência dos anjos. A Igreja sempre ensinou esta verdade, embora nunca a tenha explicitamente declarado verdade de fé obrigatória (dogma). Paulo VI professou no *Credo do Povo de Deus* (1968: "Cremos em um só Deus — Pai, Filho e Espírito Santo — Criador das coisas visíveis — como este mundo, onde se desenrola nossa vida passageira —, Criador das coisas invisíveis — como são os puros espíritos, que também chamamos anjos —, Criador igualmente, em cada homem, da alma espiritual e imortal". Como o homem foi criado na graça e na imortalidade, também os anjos o foram. Assim como o homem caiu na desgraça, também os anjos caíram. Deste modo a Bíblia explica a existência dos demônios (anjos decaídos). Os anjos bons servem a Deus e ajudam os homens. Os anjos maus fazem oposição a Deus e tentam perverter os homens. Os homens reconquistaram a graça e a imortalidade por intermédio de Jesus Cristo. Os demônios não. Jesus afirmou que os anjos bons veem a face de Deus (Mt 18,10), coisa só possível ao homem redimido por Jesus depois da morte. O Antigo Testamento chegou a dividir os anjos em nove categorias (coros), também citados por São Paulo (Cl 1,16 e Ef 1,21): anjos e arcanjos, querubins e serafins, tronos e dominações, principados e potestades e virtudes. No Novo Testamento destaca-se o Arcanjo Gabriel, que anunciou o nascimento de João Batista e de Jesus (Lc 1,11-20 e Lc 1,20-38). Temos também os anjos que cantam aos pastores na noite de Natal (Lc 2,14), os anjos que servem a Jesus no deserto, depois das tentações (Mt 4,11),

Deus a uma virgem, prometida em casamento a um homem chamado José, da casa de Davi, e o nome da virgem era Maria" (*Lc* 1,26-27). Em duas linhas, o Evangelista afirma duas vezes a virgindade da escolhida para ser a Mãe de Jesus. Quando a jovem Maria lhe pergunta como isso seria possível, porque ela não conhecia homem (a expressão 'conhecer', em hebraico significa ter relações conjugais), o anjo lhe responde: "O Espírito Santo virá sobre ti e o poder do Altíssimo te cobrirá com sua sombra" (*Lc* 1,35). O Evangelista Mateus é linearmente claro: "Maria estava prometida em casamento a José. Mas antes de morarem juntos, ficou grávida do Espírito Santo" (*Mt* 1,18).

Os exegetas se aprofundam na explicação dessas palavras dos Evangelistas e levantam várias hipóteses. Há quem fale em voto de virgindade de Maria, contrariando toda a cultura hebraica e a mentalidade do Antigo Testamento em que ela fora educada. Há quem pense que a virgindade perpétua decorra natural e indiscutível a partir do momento em que ela é possuída pelo Espírito Santo, tornando-se um inaudito milagre vivo, contendo dentro de si o Filho de Deus, seguramente acima de barreiras ou limites biológicos. E há os que pensam em uma Maria prática, consciente e piedosa que, a partir da concepção milagrosa, combina com José, já então ciente do mistério (*Mt* 1,20-21), uma vida matrimonial virginal. Se Moisés descalçou as sandálias diante da misteriosa sarça que ardia sem se queimar (*Ex* 3,5), por que José, "homem justo" (*Mt* 1,19), e Maria, "cheia de graça" (*Lc* 1,28), não poderiam renunciar a um relacionamento conjugal diante de um Deus que descera dos céus e "armara sua tenda" (*Jo* 1,14), na mais íntima intimidade da vida

---

o anjo que consola Jesus na agonia (Lc 22,43), os anjos que anunciam a ressurreição de Jesus (Mc 16,5-7). E tem também a promessa de Jesus da ajuda dos anjos no julgamento dos homens na hora da ressurreição (Mt 13,41). A Igreja ensina que cada criatura humana é acompanhada e protegida por um anjo, chamado Anjo da Guarda. Até o celebra na liturgia do dia 2 de outubro. Aliás, a Igreja presta aos anjos a mesma veneração que presta aos santos. E homenageia de modo especial os três arcanjos (únicos que têm nome): Miguel, Gabriel e Rafael no dia 29 de setembro.

dos dois? Fica sempre verdadeira a palavra do anjo, dita no contexto da Anunciação: "Para Deus nada é impossível" (*Lc* 1,38).

A doutrina da virgindade de Maria, antes, durante e depois do parto, está inseparavelmente unida à maternidade divina de Maria, à ação do Espírito Santo em Maria, ou seja, à encarnação do Filho de Deus. Pela lógica e ciência humanas ninguém ousaria afirmar sua virgindade no parto e depois do parto. Mas também pela razão humana ninguém conseguiria afirmar o mistério da encarnação de Deus. A Igreja não precisou das provas sensíveis a que recorreram os Apócrifos, ainda que revestidas de piedade e encanto. A preocupação dos Apócrifos, no entanto, em comprovar a virgindade no parto e depois do parto de Maria, mostra uma linha lógica de necessidade: não se trata de um parto de uma criança apenas, trata-se do parto de uma criança que, sendo inteiramente humana, é inteiramente divina. E se esse fato ultrapassa a ciência e a inteligência, constituindo um mistério inefável, isto é, que não pode ser expresso por conceitos humanos, com ele ultrapassa também o fato da virgindade integral de Maria.

O dogma da virgindade de Maria quer ainda afirmar que Jesus é o filho primogênito e único de Maria de Nazaré, ou seja: Jesus Cristo, o Messias, não teve irmãos ou irmãs carnais, nascidos do ventre de sua mãe Maria. Tiago Menor, por exemplo, é chamado de "irmão do Senhor" (*Gl* 1,19) e outras vezes se fala nos irmãos de Jesus presentes entre seus ouvintes (*Mt* 12,46; *Mc* 3,31-35; *Lc* 8,19). Mas todos sabem que em hebraico o termo 'irmão' pode indicar qualquer parentesco, como sobrinho (*Gn* 12,5 e 13,8; 29,12.15), tio, primo (*1Cr* 23,22) e até amigo (*Gn* 29,4). Isso nunca foi problema teológico para a Igreja.

O dogma da virgindade de Maria foi-se preparando e firmando nos primeiros séculos, nas pregações, nos escritos e na doutrina dos santos padres, na liturgia e na piedade popular, até que, em outubro de 649, o Concílio do Latrão chegou a esta definição de fé: "Seja condenado quem não professar, de acordo com os santos Padres, que Maria, mãe de Deus em sentido próprio e verdadeiro, permaneceu sempre santa, virgem e imaculada quando, em sentido próprio e verdadeiro, concebeu do Espírito Santo, sem o concurso do sêmen de homem, e deu à luz Aquele que é gerado por Deus Pai antes de todos os séculos, o Verbo de Deus, permanecendo inviolada a sua virgindade também depois do parto".

Lembremos que a virgindade de Maria vai muito além de um dado biológico e físico. João Paulo II, na encíclica *Redemptoris Mater*, em poucas linhas abre um leque extenso: "O fato fundamental de ser a Mãe do Filho de Deus constituiu desde o princípio uma abertura total a sua missão. As palavras 'Eis a serva do Senhor' testemunham esta abertura de espírito em Maria, que une em si, de maneira perfeita, o amor próprio da virgindade e o amor característico da maternidade, conjuntos e como que fundidos em um só amor" (n. 39).

O comportamento e a vida virginal de Maria inspiraram uma nova forma de servir a Deus, praticamente desconhecida no Antigo Testamento: o celibato consagrado, que é uma decisão pessoal, livre, consciente, de dedicar a vida inteira e sem reservas a serviço da missão de Cristo sobre a terra, ou seja, a serviço da construção do Reino de Deus. Pelo seu sim, Maria consagrou-se inteiramente à missão que Deus lhe propunha. Acolheu o plano de Deus e a ele doou-se sem reservas. Vazia de pretensões pessoais e pobre de si, deixou-se envolver pela riqueza de Deus. Maria tornou-se "exemplo sublime de perfeita consagração, pela sua pertença plena e dedicação total a Deus" (*Vida Consagrada*, 28).

Na encíclica *Redemptoris Mater*, São João Paulo II descreve a consagração virginal de Maria, que passou a ser o modelo de vida consagrada: "Maria consente na escolha divina para se tornar, por obra do Espírito Santo, a Mãe do Filho de Deus. Pode-se dizer que este consentimento que ela dá à maternidade é fruto da doação total a Deus na virgindade. Maria aceitou a eleição para ser mãe do

Filho de Deus, guiada pelo amor esponsal, o amor que consagra totalmente a Deus uma pessoa humana. Em virtude desse amor, Maria desejava estar sempre e em tudo 'doada a Deus', vivendo na virgindade. As palavras 'Eis a serva do Senhor' comprovam o fato de ela desde o princípio ter aceitado e entendido a própria maternidade como dom total da sua pessoa, a serviço dos desígnios salvíficos do Altíssimo. E toda a participação materna na vida de Jesus Cristo, seu Filho, ela viveu-a até o fim de um modo correspondente à sua vocação para a virgindade" (n. 39).

8

MARIA, MÃE DAS DORES

Santíssimo, Jesus atravessou um grande mar de sofrimentos de toda espécie. Portanto, o sofrimento não pode ser consequência de pecado pessoal. Se o fosse, que sentido teria o convite expresso por Jesus aos discípulos de tomar diariamente a cruz, ou seja, todas as circunstâncias humanas, incluídos o sofrimento e a adversidade, e segui-lo (*Lc* 14,27)? Conservo comigo uma frase pronunciada em dia de retiro mensal pelo meu Confrade Frei Ademar Spindeldreier, em maio de 1975, um mês e meio antes de morrer em um acidente rodoviário. A frase ganha valor, porque Frei Ademar se tornara, por seu permanente frágil estado de saúde, um verdadeiro mestre na espiritualidade do sofrimento: "Só quem não ama a Deus pode dizer que o sofrimento é crueldade".

Maria de Nazaré, imaculada e santíssima, jamais tocada pela sombra do pecado, mergulhou no oceano do sofrimento a ponto de ser identificada como a Mãe das Dores. As raízes de seu sofrimento não estão plantadas na lama do pecado, mas na paixão de seu Filho divino. Seu sim na Anunciação encontra a plenitude de sua sinceridade e de sua grandeza aos pés da Cruz, quando o sofrimento humano da mãe alcança a amplitude do sofrimento do Filho divino e o martírio do Filho plenifica todas as medidas redentoras.

O quadro do Calvário (uma das cenas que mais provocaram místicos, santos, artistas e teólogos) ensina que o sofrimento tem forças e alcances impensáveis. Normalmente, o sofrimento é tido como tolhedor da atividade, limitativo de movimentos. No entanto, nenhum canto da terra ficou sem experimentar a força dinâmica e redentora do Crucificado. Não é, portanto, repetimos, como castigo de pecados cometidos que a Imaculada é a Mãe das Dores. Como também não é por seus méritos pessoais que se tornou Mãe de Deus. Sua conceição imaculada, sua maternidade, seu estado de "cheia de graça" (*Lc* 1,28), como também suas lágrimas de dor, estão inseparavelmente unidas e dependentes de seu Filho Jesus, Filho de Deus nela concebido por obra e graça do Espírito Santo (*Mt* 1,18). O sim da Anunciação implicou não só sua maternidade milagrosa, mas também as trevas do Calvário. Se Paulo afirma completar em seu corpo as tribulações de Cristo (*Cl* 1,24), o que não deveria acontecer com Maria, a mãe do Crucificado?

Quando se fala em Nossa Senhora das Dores, a imagem clássica que nos vem à mente é a da mulher com uma espada atravessada no coração. Às vezes, sete espadas. Quando se fala em Nossa Senhora da Piedade, outro título da Mãe das Dores, a figura clássica é a da Mãe com o Filho chagado e morto nos braços. Como não lembrar, nesse caso, a famosa Pietà, de alvíssimo mármore, esculpida por Miguelângelo, venerada e admirada na primeira capela lateral à direita de quem entra na Basílica de São Pedro, em Roma?

O mistério do sofrimento não exclui nenhum segmento social. Por mais que tenha se desenvolvido a ciência e por mais que ela tenha encontrado antídotos para a dor, o mistério do sofrimento continuará a ocupar por extenso todas as direções da história humana. Lembrou o Concílio Vaticano II: "Todas as conquistas da técnica, ainda que utilíssimas, não conseguem acalmar a angústia da criatura humana" (*Gaudium et Spes*[1], 18).

---

[1] *Gaudium et Spes*, Constituição Apostólica sobre a Igreja no mundo de hoje, Concílio

As dores de Maria são parte integrante da História da Salvação, como os sofrimentos das criaturas são inseparáveis da história humana na terra.

No momento em que Maria levou o Filho ao templo para consagrá-lo, segundo a Lei de Moisés, o velho Simeão, tomando o Menino em seus braços, o proclamou "luz das nações" e "salvação dos povos" (*Lc* 2,30-32), profecia que confirmava as palavras do Arcanjo a Maria, que mandara dar ao Menino o nome de Jesus, que significa "Deus é salvação" (*Lc* 1,31-33). Acrescenta, porém, Simeão: "Ele será um sinal de contradição e tu, Maria, terás a alma traspassada por uma espada" (*Lc* 2,34-35).

Comenta o Papa São João Paulo II: "As palavras de Simeão colocam sob uma luz nova o anúncio que Maria tinha ouvido do Anjo. O Filho de Maria e com ele a sua Mãe, experimentarão em si mesmos a verdade daquela palavra de Simeão: sinal de contradição. Aquilo que Simeão diz apresenta-se como uma segunda Anunciação a Maria, uma vez que indica a dimensão histórica concreta em que o Filho realizará a sua missão, ou seja, na incompreensão e na dor. Se este outro anúncio confirma a sua fé no cumprimento das promessas divinas da salvação, também lhe revela que ela terá que viver a sua obediência de fé no sofrimento, ao lado do Salvador que sofre, e que a sua maternidade será obscura e marcada pela dor" (*Redemptoris Mater*, 16).

A devoção popular considera a profecia de Simeão como a primeira das sete grandes dores de Maria. Na verdade, nela se encerram todas, como seu sim na Anunciação aceitava todos os passos da missão de Jesus. Maria não demorou a perceber que a profecia de Simeão era o reverso da linda e esperançosa medalha da Anunciação. Com o filho ainda no colo, teve de refugiar-se no Egito, fazendo o percurso de 250km de deserto inóspito, na companhia de algum caravaneiro mascate. Os artistas suavizam muito a travessia, fazendo Maria montar uma serena

---

Vaticano II, coleção Paulinas, n. 41.

mula puxada pela obediência de José. Quadro nenhum poderá exprimir o que ia pelo coração da jovem mãe, carregada ao mesmo tempo de privilégios e angústias. Outros caravaneiros lhe terão levado a notícia da chacina de Belém. Como não unir a matança dos meninos de Belém com aquela executada pelo Faraó (*Ex* 1,11-21) e da qual astutamente fora salvo Moisés? (cf. *Ex* 2,1-12) Como não se lembrar, se estava procurando refúgio na terra dos Faraós? Como não se lembrar das duas carnificinas, ambas de crianças masculinas inocentes, se o Menino que levava nos braços tinha uma missão muito parecida com a de Moisés, o grande profeta dos Dez Mandamentos e da libertação do povo da escravidão? O deserto era o mesmo. A mão de Deus era a mesma. Lá no deserto, encontravam-se a espera/esperança do Antigo Testamento, na recordação de Moisés, com a certeza/esperança do Novo Testamento na pessoa de Jesus Salvador. E Maria, por sua maternidade, se posta entre a antiga e a nova Aliança, como o elo essencial, único e insubstituível.

Há uma necessidade, que corre todo o Antigo Testamento e o Novo: a procura de Deus. Podemos dizer que Deus é alguém que quer ser procurado, ainda que seja ele mesmo a dar a graça do encontro. Nem Maria, santíssima e imaculada, escapou da procura, que traz sempre consigo a marca da angústia. O Evangelista a faz procurar Jesus que "se perdera" no templo (*Lc* 2,41-50): "Teu pai e eu aflitos te procurávamos!" (*Lc* 2,48). Pelos caminhos do templo, Maria ainda tinha José a seu lado. Não sei em que momento foi maior a dor de Maria: se ao procurar Jesus pelas repartições públicas (casa de Caifás, pretório de Pilatos, corte de Herodes, pátio da flagelação), se na estrada do Calvário, flagelado, coroado de espinhos, carregando a cruz. Apoiada em João, não terá Maria perguntado: "Onde estão os Apóstolos"?

A piedade popular separa a dor de Maria ao presenciar impotente a crucificação, ao tê-lo morto nos braços e ao vê-lo deposto na sepultura. Na verdade, a dor é uma só, imensa, em total consonância com o sofrimento do Filho crucificado. Na

Anunciação, oferecera-se, dizendo sim à vontade de Deus. No templo, consagrara o Filho a Deus. No deserto o protegera. No Calvário, repete consciente seu sim, unindo o ofertório de si mesma ao ofertório salvador do Filho, na força e na graça do mesmo Espírito Santo da Anunciação. No martírio do Filho está a razão e o sentido do martírio da Mãe. Um vergonhoso martírio humano, que se transforma em fecundo e glorioso parto: da Cruz, passando por Maria, nasce o Corpo Místico de Cristo, que é a Igreja (*Cl* 1,17). Ó feliz martírio, que abriu para sempre as portas da eternidade e o coração do Pai Celeste!

Conta uma velhíssima tradição que Adão estava sepultado no Calvário que, por isso mesmo, levava esse nome, que significa 'caveira'. Os pintores costumam desenhar a caveira aos pés da cruz. Não importa a lenda. O que importa é que a árvore da vida do Paraíso terrestre perdido (*Gn* 2,9) chama-se agora 'Cruz' e o que a virgem Eva perdeu com seu orgulho e sua incredulidade, a virgem Maria recuperou com sua humildade e sua fé. Da árvore da vida do paraíso, enroscada pela serpente, nasceram o desequilíbrio e a desgraça. Da árvore da vida do Calvário, da qual pendeu o corpo do Filho de Maria, nasceram a comunhão com Deus e a graça.

Ao contemplar a Mãe dolorosa, nosso coração deve ir além do sentimento de compaixão, porque de seu sacrifício doloroso, nascemos para a plenitude da vida, merecida pela Cruz de Cristo. Com a Mãe das Dores aprendemos que a salvação é fruto do sofrimento.

Olhando para as dores de Maria, o povo ora a chama de Nossa Senhora da Piedade, ora de Nossa Senhora da Soledade, muitas vezes a chama de Nossa Senhora da Angústia, outras vezes a chama de Nossa Senhora do Pranto ou das Lágrimas. Lembremos as sete dores de Maria, uma depois da outra: a profecia de Simeão que uma espada atravessaria seu coração; a fuga precipitada para o Egito; a perda de Jesus no templo, quando ele tinha 12 anos; o encontro de Maria com Jesus no caminho do Calvário (quarta estação da Via-Sacra); a agonia e a morte de Jesus na cruz; Maria recebe nos braços o corpo morto de Jesus; Maria acompanha o sepultamento de Jesus. Esta última é uma dor muito especial. Ela é feita de aurora. É dor, sim, mas já iluminada pela Páscoa.

9

MARIA, MÃE DAS ALEGRIAS

Nossa Senhora das Dores (ou da Piedade) é bem mais invocada no Brasil do que Nossa Senhora das Alegrias (ou dos Prazeres). Embora o mais velho santuário mariano em nosso país (hoje, o segundo mais visitado) seja dedicado a Nossa Senhora das Alegrias. Trata-se do Santuário de Nossa Senhora da Penha, em Vila Velha, no estado do Espírito Santo. Como está sobre um penhasco, o povo confundiu a palavra latina 'pœna' com 'penha'. 'Pena' significa dor; é a dor que Maria sentiu no sepultamento de Jesus, dor transformada em alegria na manhã de Páscoa. O Santuário da Penha, no Espírito Santo, venera Nossa Senhora da Alegria na Ressurreição do Senhor. Por isso mesmo sua festa se prolonga ao longo da oitava de Páscoa.

A Província franciscana, que abrange os estados do Mato Grosso e Mato Grosso do Sul, tem como Padroeira Nossa Senhora das Alegrias. Aliás, uma devoção que nasceu dentro da Família franciscana nos tempos de São Bernardino de Sena († 1444). Os franciscanos celebram Nossa Senhora das Alegrias no dia 27 de agosto. E desde o século XV, a chamada Coroa Franciscana passou a fazer parte do hábito, pendurada ao cordão e pendente no lado esquerdo. Ela tem sete mistérios, cada um com dez Ave-Marias e um Pai-Nosso, bem à moda do Rosário.

Como a devoção popular enumera sete dores de Maria (sete é número simbólico e significa muitos/muitas), também se enumeram sete alegrias de Maria, ou seja, muitas. Costuma-se citar a alegria da Anunciação, a alegria da Visitação, a alegria da visita dos Magos, a alegria do reencontro do Menino no templo, depois de três dias de 'perdido', a alegria da Ressurreição de Jesus, a alegria da Assunção e Coroação como rainha do céu e da terra. Como se vê, as alegrias de Maria estão ligadas a fatos da vida e missão de seu filho Jesus.

Nossa Senhora das Alegrias é também invocada como Nossa Senhora dos Prazeres. A cidade e a diocese de Lages, no estado de Santa Catarina, por exemplo, são consagradas a Nossa Senhora dos Prazeres. Na licença que o governador de São Paulo deu para se fundar a povoação, em 1766, vinha por escrito: "Como se há de dar um nome para que se distinga de outras povoações desta capitania, ordeno que logo que se forme a dita povoação, lhe imponha o nome de Vila Nova dos Prazeres e da igreja matriz da dita povoação será orago Nossa Senhora dos Prazeres, a quem tenho devoção especial por ser minha madrinha e padroeira de minha casa". Também a catedral de Maceió tem como Padroeira Nossa Senhora dos Prazeres. Ela é Padroeira da cidade e matriz de Itapecerica da Serra, SP.

O Salmo 33 pede que todos os justos se alegrem no Senhor, porque ele transborda sua graça por toda a terra. Como não estaria repleta de alegria aquela que foi chamada pelo anjo Gabriel de "cheia de graça"? Porque a Graça se encarnara em seu útero. Na saudação do anjo a Maria, em grego, não está o 'ave' latino, mas o 'xaire' que, em grego, significa 'alegra-te'. E a razão da alegria era e é especialíssima: a maternidade divina.

Ao nascer o Menino, um anjo disse aos pastores: "Eu vos anuncio uma grande alegria: hoje nasceu, para vós o Salvador, que é o Cristo Senhor" (*Lc* 2,10). Diante do mistério da encarnação a própria Maria-Mãe canta: "Exulto de alegria em Deus, meu salvador" (*Lc* 1,46). Jesus adulto, no Sermão da Montanha, promete aos que viverem as bem-aventuranças: "Exultai e alegrai-vos, porque será grande a vossa recompensa nos céus" (*Mt* 5,12). Na Última Ceia, na figura da videira e dos ramos, que se necessitam para produzir frutos, sendo o tronco o próprio Jesus e os ramos seus discípulos, Jesus completa o ensinamento com esta frase: "Disse-vos estas coisas para que a minha alegria esteja em vós e a vossa alegria seja completa" (*Jo* 15,11). Mais que ninguém, Maria viveu a plenitude da alegria, porque Jesus não só estava nela, mas era sua carne e seu sangue.

O convite à alegria perpassa toda a Sagrada Escritura. Ela usa ao menos 12 diferentes palavras para expressar júbilo e alegria. O Antigo Testamento, com a mesma intensidade com que convida a louvar a Deus pelas maravilhas da criação. Lembrou-o muito bem o Papa Francisco na exortação apostólica sobre o chamado à santidade no mundo atual (n. 123), que leva como título a frase de Jesus no Sermão da Montanha: *Alegrai-vos e exultai* (*Mt* 5,12)[1]: "Os profetas anunciavam o tempo de Jesus, que estamos vivendo, como uma revelação da alegria: "exultai de alegria" (*Is* 12,6). "Sobe a um alto monte, arauto de Sião. Grita com voz forte, arauto de Jerusalém" (*Is* 40,9). "Exulta de alegria, ó terra! Rompei em exclamações, ó montes! Na verdade, o Senhor consola o seu povo e se compadece dos desamparados" (*Is* 49,13). "Exulta de alegria, filha de Sião! Solta gritos de júbilo, filha de Jerusalém! Eis que o teu Rei vem a ti; ele é justo e vitorioso" (*Zc* 9,9). E não esqueçamos a exortação de Neemias: "Não vos entristeçais, porque a alegria do Senhor é que é a vossa força" (*Zc* 8,10).

A Liturgia dominical lembra muitas vezes a alegria, como qualidade do cristão. Dedica especialmente à alegria o terceiro domingo do Advento, chamado de 'Gaudete', ou seja, 'Alegrai-vos'. E o quarto domingo da Quaresma, chamado 'Laetare',

[1] Papa Francisco, Exortação Apostólica *Gaudete et Exsultate*, Coleção Magistério, Paulus 2018.

Domingo da Alegria. Três exortações apostólicas do Papa Francisco têm a palavra 'Alegria' no título e no conteúdo: *Evangelii Gaudium* (A alegria do Evangelho - 2013)[2], *Amoris Laetitia* (A alegria do amor - 2016) e *Gaudete et Exsultate* (Alegrai-vos e exultai - 2018). São Paulo VI dedicou, em 1975, uma exortação apostólica inteira à alegria, que ele intitulou *Gaudete in Domino*, Alegrai-vos no Senhor, palavras tiradas da carta de São Paulo aos Filipenses (4,45)[3]. São dele estas palavras: "Junto a Cristo Maria recapitula todas as alegrias, ela vive a alegria perfeita. Ela é a mãe repleta de santa alegria. Com razão seus filhos da terra a invocam como a causa da sua própria alegria".

Repassemos as sete alegrias de Maria. A primeira delas, o anúncio de que seria a Mãe do Messias, é também a raiz de todas as outras alegrias. No encontro entre o anjo e Maria termina a espera do Antigo Testamento. Em Maria completam-se os dias: chega a plenitude dos tempos (*Gl* 4,4). Gabriel fala de alegria. Maria exulta de alegria. E tanto maior é sua alegria quanto a encarnação do Filho de Deus para ser o Messias supera todas as esperanças dos patriarcas, do povo, dos profetas. Com razão um hino medieval a chama de Mãe cheia de santa alegria. Santa, porque a razão dela é obra do Espírito Santo.

A segunda alegria, a da Visitação, é um cacho de júbilo. A começar com o inocente João, que "exultou no ventre de Isabel" (*Lc* 1,41.44), passando por Isabel, que bendiz alegremente a Deus pela "visita da Mãe do meu Senhor" (*Lc* 1,43). Maria se abre no Magnificat em canto de alegria: "Exulto em Deus, meu Salvador" (*Lc* 1,47). Três que se alegram diante do encontro, que já não era entre parentes, mas encontro entre escolhidos para uma missão: João para anunciar a Nova Aliança, Isabel por se ver coberta de misericórdia e honra pelo Deus de toda a consolação, Maria por garantir que o Messias havia chegado e sido re-

---

[2] As três exortações se encontram tanto na Coleção Magistério, Paulus, quanto na coleção Paulinas.

[3] Paulo VI, *Gaudete in Domino*, Coleção Paulinas, n. 84.

conhecido. Uma grande alegria por se aclarar o mistério de sua maternidade divina e se ver bendita entre todas as mulheres (*Lc* 1,47). E havia ainda a alegria de servir. Maria fora à casa de Isabel para servir. João vai nascer para servir. Maria, em sendo a serva do Senhor (*Lc* 1,38), será a serva de toda a humanidade.

O anjo anunciou aos pastores a grande alegria do nascimento do Salvador na gruta de Belém. Alegria para o povo, alegria para a Mãe do menino, que não era só seu, mas seu e de Deus. Por isso a alegria do nascimento de Jesus é humana e divina ao mesmo tempo. É maternal e universal ao mesmo tempo. É alegria de uma hora e é alegria de uma eternidade.

A quarta alegria de Maria é a adoração dos Magos, ou seja, de gente de todas as raças que reconhecem em seu filho Jesus, o rei dos reis, o senhor dos senhores, o redentor do mundo. Já não serão negros, brancos e amarelos, mas filhos de Deus, porque irmãos do Menino, seu filho, pelo qual todos são adotados por Deus. Pela primeira vez Maria de Nazaré se sente a mãe de toda a humanidade.

A criatura humana é um ser à procura. Maria é um exemplo procurando o filho 'perdido'. Mas é também retrato da alegria do encontro e de ver o filho se encontrar e assumir sua missão (*Lc* 2,47-48). Esta alegria no templo de Jerusalém lembra as alegrias com lágrimas e as lágrimas transformadas em alegria.

Se grande foi a alegria na gruta de Belém, maior ainda terá sido a alegria de Maria na manhã de Páscoa. A alegria de Belém se assemelhava a uma flor se abrindo; a alegria da Páscoa se assemelha à flor transmudada em semente. "Rainha do céu, alegrai-vos, porque Jesus ressuscitou, como prometera; exultai e alegrai-vos, Virgem Maria, porque o Senhor ressuscitou verdadeiramente", canta a Igreja no tempo pascal. Santo Antônio, no esquema de sermão para a páscoa, falando das três Marias que vão à sepultura de madrugada (Maria Madalena, Maria mãe de Tiago e Maria Salomé) lembra que com elas não estava Maria mãe de Jesus. E isto porque "Maria Santíssima, depois de o

Senhor seu Filho ter sido sepultado, não se retirou do sepulcro para nenhuma parte, mas ali permaneceu a vigiar, em lágrimas, até o momento em que, em primeiro lugar, mereceu ver o ressuscitado". A mãe das dores se transforma em mãe da alegria, a alegria da ressurreição, a alegria do cumprimento das promessas. Alegria que gerou sua sétima alegria: sua assunção em corpo e alma ao céu. Desta alegria tratamos em outros capítulos anteriores.

Encerramos com um trecho da oração que o Papa Francisco escreveu no final de sua exortação *A Alegria do Evangelho*: "Vós que, cheia da presença de Cristo, levastes a alegria a João Batista, fazendo-o exultar no seio de sua mãe. Vós que, estremecendo de alegria, cantastes as maravilhas do Senhor. Vós que permanecendo firme diante da Cruz, recebestes a jubilosa consolação da ressurreição. Vós, manancial de alegria para os pequeninos, rogai por nós!"

10

PASSAGEM DE MARIA PARA A ETERNIDADE

Ao longo da história, tanto os teólogos quanto a piedade popular se dividiram na opinião se Maria morreu de fato ou se apenas adormeceu e foi levada ao céu em corpo e alma pelos anjos. A basílica em sua honra, em Jerusalém, chama-se exatamente 'Dormitio Mariæ', e um dos documentos mais antigos que temos sobre os últimos dias de Maria também leva esse título. O dogma da Assunção de Maria, proclamado, em 1950, não dirimiu a questão, afirmando que "a Imaculada Mãe de Deus, a sempre Virgem Maria, terminado o curso de sua vida terrestre, foi assunta em corpo e alma à glória celeste". O corpo de Maria, elevado ao céu, podia já ser um corpo glorificado, como o de Jesus após a ressurreição.

Tanto os que falam em morte natural de Maria quanto os que falam em sono profundo da Mãe de Deus têm seus bons argumentos. Estes últimos argumentam com sua conceição imaculada. Se a morte é consequência do pecado (*Gn* 3,19), Maria, sem pecado e sem sombra de pecado, não podia morrer. Lembram também que a imortalidade é uma característica da Igreja. Ora, sendo Maria o protótipo da Igreja, bem podia Deus realizar nela o que fará com a Igreja no final dos tempos, ou seja, ressuscitar os que morreram e "arrebatar com eles para as nuvens, ao encontro do Senhor nos ares os que ainda estão vivos" (*1Ts* 4,16-17).

Os que afirmam sua morte natural lembram que também Jesus era imaculado e santíssimo e passou pela morte, destino de todos os filhos de Adão, porta e parto necessários para a imortalidade. Maria é o modelo de todos os resgatados pelo Cristo por meio de sua morte e ressurreição. Também Maria, que se uniu a Ele no Calvário, ter-se-á configurado a ele na morte e na ressurreição. Assim como ela, sem pecado, passou por dores, angústias, desconfortos, perseguição, também terá passado pela prova maior: a morte corporal. Sem que com isso se afirme que seu corpo sofreu a decomposição.

As duas tradições são antiquíssimas. Já no século V Santo Epifânio, escrevendo sobre os últimos tempos da Virgem Maria, deixa em aberto a questão: "Na Sagrada Escritura não achamos a morte de Maria nem se morreu ou não, se foi sepultada ou não. E quando João partiu para a Ásia, em parte alguma está dito que tenha levado consigo a Santa Virgem. Sobre isso a Escritura silencia totalmente". Em nossos dias prevalece a tese de que Maria passou pela morte à imitação de Jesus. Mas é ainda e continuará a ser uma questão em aberto. Não temos certeza, portanto, de onde e quando Maria encerrou sua passagem terrena. A tradição sempre disse que, na dispersão dos Apóstolos, Maria teria acompanhado João, como recomendara Jesus na Cruz (*Jo* 19,16-27). O Apóstolo João teria migrado para Éfeso, hoje, sudoeste da Turquia, uns 600km ao sul de Istambul. Maria teria findado seus dias em Éfeso. Esta tradição tomou corpo a partir do século XVIII com as visões da camponesa alemã beata Ana Catarina Emmerich que, em sonho ou em uma revelação, 'viu' no alto da montanha popularmente denominada 'Colina do Rouxinol', distante 7km da antiga cidade portuária de Éfeso, a capela Meryem Ana Evi (Casa da Mãe de Deus), que seria a casa em que Maria teria terminado seus dias. Amigos de Catarina viajaram para lá, encontraram tudo como ela 'vira' em êxtase e começaram a restaurar a antiga capela-casa de Maria, que até hoje os peregrinos podem visitar. Mães turcas, católicas e muçulmanas visitam continuamente aquele santuário, para terem um bom parto e sorte na educação dos filhos. No entanto, não há documentos históricos que favoreçam essa tradição e as escavações arqueológicas mostraram que a capela é certamente posterior ao século VI.

Uma outra tradição faz Maria terminar sua jornada terrena em Jerusalém, no Monte Sion e ser sepultada no lugar onde se encontra hoje a Basílica da 'Dormição de Nossa Senhora', na região do Vale do Cedron, local tradicional de sepulturas. Os estudos arqueológicos e outros indícios fazem remontar o túmulo aos tempos romanos, ou seja, ao primeiro século da nossa era. Além disso, foram encontrados grafites, escritos pelos primeiros cristãos, que iam honrar o local do túmulo de Maria. Foram encontradas também algumas sepulturas judeu-cristãs, que ladeiam a câmara mais interna. Temos ainda a tradição oral de dois mil anos: os cristãos sempre foram lá venerar o túmulo da Mãe de Deus. E temos, além disso, alguns relatórios de peregrinos (famoso é o de Etérea[1]), que por lá passavam e registravam suas impressões sobre a visita e a liturgia celebrada no local. Maria teria voltado de Éfeso para Jerusalém, onde moravam seus parentes, quando o Apóstolo João retornou para participar do primeiro Concílio Ecumênico da Igreja (*At* 15,6-29).

Na década de 1960, quase ao mesmo tempo em que o franciscano Frei Belarmino Bagatti (1905-1990) fazia as escavações científicas junto ao túmulo de Maria, foi descoberto, na biblioteca do Louvre, em Paris, um documento em grego que possibilitou chegar a outros documentos, sobretudo a três, muito próximos entre si tanto na informação quanto no estilo. São eles: *De Transi-*

[1] Etérea (ou Egéria) é autora de um livro em latim do século IV, no qual descreve a viagem que realizou ao Oriente Próximo, de 381 a 384. O livro foi publicado em português pela Editora Vozes, Petrópolis, com o subtítulo *Liturgia e Catequese em Jerusalém no século IV*.

tu Mariæ (em língua etíope), *Dormitio Mariæ* (em grego) e *Transitus Mariæ* (em latim). Estes textos devem ser datados do final do segundo século até começos do século quarto. Os três textos concordam em que Maria tenha terminado seus dias em Jerusalém.

A última referência bíblica a respeito de Maria a temos nos Atos, ainda quando os Apóstolos estavam no Cenáculo, depois da Ascensão de Jesus: "Todos permaneciam unânimes na oração com algumas mulheres, Maria, Mãe de Jesus, e seus irmãos" (*At* 1,14). Mas até o século VIII o texto grego *Dormitio Mariæ* encontrava-se no final da bíblia, depois do livro do Apocalipse. Hoje, esse texto é considerado apócrifo, isto é, não pertencente ao conjunto dos livros da Sagrada Escritura, portanto, não revelado. Mas de todo respeito. Podia-se perguntar por que a Igreja não aceitou esse livro como revelado. Porque seu estilo é todo diferente e, no IV século, quando se fixou a canonicidade dos livros da Escritura, esse livro tinha muitos acréscimos heréticos e tendenciosos contra a divindade de Jesus, contra a maternidade divina de Maria, contra a Santíssima Trindade, e já não se sabia mais qual era o texto original. O texto descoberto agora é anterior a esses acréscimos e, por isso, merece algum crédito e, diria, alguma veneração.

Segundo este texto e segundo o texto intitulado *Transitus Mariæ*, teríamos os seguintes passos: Maria recebe o anúncio de sua morte e garantia de amparo no momento da passagem; os Apóstolos se reúnem milagrosamente em torno de seu leito; Maria morre à semelhança de todos os seres humanos; durante o funeral, os judeus promovem uma manifestação hostil; depois do sepultamento, segue-se a ressurreição, sendo levada ao céu. Não podemos esquecer que não estamos em um terreno de fé. Mas de piedosa crença popular. Na verdade, os últimos dias de Maria e sua passagem para a eternidade estão envoltos em um véu de mistério que dificilmente a história ou a teologia conseguirão desvendar.

Que idade teria Nossa Senhora quando terminou seus dias na terra? Há um texto antigo que diz: "Dois anos depois de Cristo ter vencido a morte e subido ao céu, Maria começou a chorar no refúgio de seu quarto", ou seja, Maria passou a viver seus últimos dias. O texto passa a contar esses últimos dias, inclusive sua assunção ao céu. Se Maria concebeu Jesus aos 14 anos, deu à luz aos 15 (idade normal naquele tempo na Ásia Menor para casar) e Jesus morreu em torno dos 33 anos, Maria teria 50 anos ao morrer. Sabe-se que era a idade média de vida das mulheres naquele tempo e naquela região.

Há uma tradição, que vem dos primeiros tempos da Igreja, que conta que, chegado o momento do trânsito de Maria, Jesus teria vindo buscá-la, acompanhado dos Arcanjos Miguel e Gabriel. O Arcanjo Miguel foi o anjo vencedor de Lúcifer no paraíso terrestre (*Ap* 12,7-9) e o vencedor do dragão de sete cabeças, que quis devorar o filho da mulher revestida de sol (*Ap* 12,3-5). No passamento de Maria, hora mais de triunfo e vitória do que de morte, retorna, na piedade popular, o grande Arcanjo, como que para rearrumar o paraíso perdido e introduzir nele, agora celestial, a humanidade inteira, representada em Maria Imaculada, virgem, esposa e mãe, Mãe de Deus. Retorna Miguel, o protetor da Igreja contra Satanás, para acompanhar na entrada da glória aquela que é o protótipo da comunidade cristã redimida e santificada.

Retorna também, na piedosa crença popular, com o Cristo glorioso, o Arcanjo Gabriel, o embaixador de Deus na Anunciação (*Lc* 1,26), a testemunha da escolha da jovem Maria de Nazaré como Mãe do Filho de Deus, o Messias Salvador. O Arcanjo, presente no início da história da salvação trazida pelo Cristo e na qual Maria se envolvera cem por cento, retorna no momento em que ela termina sua missão e seus dias na terra, entra gloriosa no seio da Trindade para ser, no tempo e na eternidade, a Mãe da Igreja, a terníssima Rainha do Céu e da Terra.

Maria esteve associada a Jesus a vida inteira (de fato, os teólogos a chamam 'Sócia de Cristo'). Associada no corpo, fazendo uma unidade com ele. Associada na missão redentora a ponto de ser chamada 'Mãe da Redenção'. Associada na morte e associada por toda a eternidade na glória. Passando pela morte, Maria tornou-se para a humanidade a "feliz porta do céu, para sempre aberta". Lembremos, no entanto, mais uma vez: os Evangelhos nada dizem sobre o nascimento, a adolescência e a morte de Maria, Mãe de Jesus de Nazaré.

Algumas igrejas são dedicadas a Nossa Senhora da Boa Morte. Sua festa se celebra no dia 14 de agosto, véspera da festa da Assunção de Maria ao céu. O título tanto se refere à passagem de Maria para a eternidade quanto sua intercessão na hora de nossa morte.

11

ELEVADA AO CÉU EM CORPO E ALMA

O último, no sentido de mais recente, dos quatro dogmas marianos é o da assunção em corpo e alma de Maria ao céu, proclamado pelo Papa Pio XII, no dia 1º de novembro de 1950, então festa de Todos os Santos. Esta verdade de fé só tem sentido considerada como consequência lógica da maternidade divina de Maria. Maria é uma criatura de Deus Criador, por isso mesmo teve um início e um final de vida na terra. No início, temos sua conceição imaculada, em previsão de sua maternidade divina. No final, temos sua assunção gloriosa, como coroamento de uma vida humana vivida sem pecado, "cheia de graça" (*Lc* 1,28), íntegra no corpo e na alma, inteiramente consagrada à missão para a qual Deus a escolhera.

Na curta fórmula usada pelo Papa Pio XII para proclamar o dogma da assunção de Maria, que vem dentro da Constituição Apostólica *Munificentissimus Deus*[1], são explicitamente citados os outros dogmas marianos: a conceição imaculada, a maternidade divina e a virgindade perpétua. A solene fórmula é esta: "Pronunciamos, decla-

[1] Pio XII, *Munificentissimus Deus*, Constituição Apostólica sobre a Assunção de Nossa Senhora, coleção Documentos Pontifícios, n. 78, Editora Vozes, Petrópolis 1951.

ramos e definimos ser dogma divinamente revelado que a Imaculada Mãe de Deus sempre Virgem Maria, terminado o curso da vida terrestre, foi assunta em corpo e alma à glória celestial". No texto da Constituição, o Papa acentua "a maravilhosa harmonia existente entre os privilégios concedidos por Deus àquela que o mesmo Deus quis associar ao nosso Redentor".

Não vamos aqui discutir exegeticamente o sentido dos termos usados pelo Papa para a declaração do dogma. Já foram escritas centenas e centenas de páginas sobre isso. Apenas digamos que as palavras do Papa evitam falar sobre a morte ou não morte corpórea de Maria; evitam falar sobre o que seja o corpo humano e qual sua condição ao ser elevado ao céu; evitam falar do relacionamento entre corpo e alma; evitam usar algum verbo que sugira que o céu seja algum lugar determinado, 'nas alturas', por exemplo. Evidentemente os belíssimos quadros de Murillo e de outros pintores marianos, que fixaram em telas a assunção, sugerem ter sido Maria 'levada pelos anjos' ao 'mais alto' céu. O dogma não entrou nesse linguajar humano, muito compreensível, por sinal, porque sempre se imaginou Deus nas alturas e o diabo nos abismos.

O Papa Pio XII, na mesma Constituição, faz, logo no início, uma longa referência ao nexo entre Maria assunta e Maria imaculada. Cito o belíssimo e fundamental texto, que espantou alguns grandes teólogos: "O privilégio da assunção brilhou com novo fulgor, quando o nosso predecessor Pio IX, de imortal memória, definiu solenemente o dogma da Imaculada Conceição. De fato, estes dois dogmas estão estreitamente conexos entre si. Cristo com a própria morte venceu a morte e o pecado, e todo aquele que pelo batismo de novo é gerado, sobrenaturalmente, pela graça, vence também o pecado e a morte. Deus, porém, por lei ordinária, só concederá aos justos o pleno efeito desta vitória sobre a morte, quando chegar o fim dos tempos. Por esse motivo, os corpos dos justos corrompem-se depois da morte, e só no último dia se juntarão com a própria alma gloriosa. Mas Deus quis excetuar desta lei geral a Bem-aventurada Virgem Maria.

Por um privilégio inteiramente singular, ela venceu o pecado com a sua conceição imaculada; e por esse motivo não foi sujeita à lei de permanecer na corrupção do sepulcro nem teve de esperar a redenção do corpo até o fim dos tempos. Quando se definiu solenemente que a Virgem Maria, Mãe de Deus, foi imune desde a conceição de toda a mancha, logo os corações dos fiéis conceberam uma mais nova esperança de que em breve o Supremo Magistério da Igreja definiria também o dogma da Assunção corpórea da Virgem ao céu".

Se o dogma da Assunção é recente, a devoção a Nossa Senhora Assunta faz parte da piedade popular desde os primeiros séculos da Igreja. Nos primeiros séculos celebrava-se a 'dormição' de Maria, cercada de muitas lendas, algumas até com evidentes heresias. Mas nenhuma dessas celebrações separava Maria de seu Filho glorioso. A celebração chamava-se também 'Trânsito de Maria' e já então divergiam as opiniões sobre a morte ou não morte da Mãe de Jesus. Essas celebrações eram cercadas de muito carinho, sobretudo em uma fértil e impressionante imaginação sobre os modos como Jesus teria vindo buscar sua Mãe e quem vinha em companhia dele para levar Maria aos céus.

Já no século V temos documentos da festa da Assunção no dia 15 de agosto e a festa vem enumerada junto com as festas da Natividade, da Apresentação, da Anunciação e da Purificação de Maria. E era por ocasião destas festas que os Santos Padres pronunciavam suas homilias marianas, fixando assim, através dos séculos, uma doutrina teológica que, seguramente, foi sustentada, alimentada e celebrada pela piedade popular. O Papa Pio XII, na Constituição Apostólica para a declaração do dogma, lembra que "nas homilias e orações para o povo na festa da Assunção da Mãe de Deus, os Santos Padres e os grandes doutores[2] falavam de uma festa já conhecida e aceita. Com a maior

[2] A Igreja costuma dar o título de doutor aos santos que, em vida, aclararam a fé católica, ou abriram um novo caminho de espiritualidade. São apenas 37 até hoje. Damos os nomes deles por ordem alfabética: Afonso, Agostinho, Alberto Magno, Ambrósio, Ansel-

clareza a expuseram; apresentaram seus sentido e conteúdo com profundas razões, colocando especialmente em plena luz o que a festa tem em vista: não apenas que o corpo morto da Santa Virgem Maria não sofrera corrupção, mas ainda o triunfo que ela alcançou sobre a morte e a sua celeste glorificação, a exemplo de seu Unigênito Jesus Cristo".

Um desses Santos Padres, sempre citado e citado pelo próprio Papa Pio XII, é São João Damasceno. É dele este texto: "Convinha que aquela que guardara ilesa a virgindade no parto, conservasse seu corpo, mesmo depois da morte, imune de toda a corrupção. Convinha que aquela que trouxera no seio o Criador fosse morar nos tabernáculos divinos. Convinha que a esposa, desposada pelo Pai, habitasse na câmara nupcial dos céus. Convinha que, tendo demorado o olhar em seu Filho na cruz e recebido no peito a espada da dor, ausente no parto, o contemplasse assentado junto do Pai. Convinha que a Mãe de Deus possuísse tudo o que pertence ao Filho e fosse venerada por toda a criatura como mãe e serva de Deus".

O Santo Padre cita vários outros grandes autores antigos e conclui: "Por conseguinte, desde toda a eternidade unida misteriosamente a Jesus Cristo, pelo mesmo desígnio de predestinação, a augusta Mãe de Deus, imaculada na concepção, virgem inteiramente intacta na divina maternidade, generosa companheira do divino Redentor, que obteve pleno triunfo sobre o pecado e suas consequências, ela alcançou ser guardada imune da corrupção do sepulcro, como suprema coroa dos seus privilégios. Semelhantemente a seu Filho, uma vez vencida a morte, foi levada em corpo e alma à glória celeste, onde, rainha, refulge à direita do seu Filho, o imortal rei dos séculos".

---

mo, Antônio, Atanásio, Basílio Magno, Beda, Bernardo, Boaventura, Catarina de Sena, Cirilo de Alexandria, Cirilo de Jerusalém, Efrém, Francisco de Sales, Gregório de Narek, Gregório Magno, Gregório Nazianzeno, Hilário, Hildegarda, Irineu, Isidoro, João Crisóstomo, João Damasceno, João da Cruz, João de Ávila, Jerônimo, Leão Magno, Lourenço de Bríndisi, Pedro Canísio, Pedro Damião, Pedro Crisólogo, Roberto Belarmino, Teresa de Jesus, Teresa de Lisieux, Tomás de Aquino.

A devoção predileta do primeiro teólogo da Ordem Franciscana, Santo Antônio († 1231), era Nossa Senhora da Glória. Morreu cantando a antífona das Laudes da Virgem: "Ó gloriosa e excelsa Senhora, bem mais que o sol brilhais". Entre seus esquemas de sermões, há um inteiro dedicado à Assunção de Maria. Parte do texto do Eclesiástico: "Como um vaso de ouro maciço, ornado de toda espécie de pedras preciosas, como a oliveira carregada de frutos e como o cipreste que se eleva até as nuvens" (*Eclo* 50,10-11). Cito a passagem, onde fala de Maria como o trono do Altíssimo: "O lugar dos pés do Senhor foi Maria Santíssima, da qual recebeu a humanidade. Este lugar glorificou-o, no dia de hoje, porque a exaltou acima dos coros dos anjos. Por isso se percebe claramente que a Virgem Santíssima foi assunta com aquele corpo que foi o lugar dos pés do Senhor. Donde a palavra do Salmo: Sobe, Senhor, para o lugar do teu repouso, tu e a arca da tua santificação (*Sl* 132,8). O Senhor subiu, quando se assentou à direita do Pai. Subiu também a arca da sua santificação, quando no dia de hoje a Virgem Mãe chegou ao tálamo celestial". Santo Antônio termina o esquema, lembrando que, aquela que fora na terra o trono do Senhor, hoje, é posta em um trono de luz eterna.

No mesmo sermão, diz Santo Antônio: "Porque Maria Santíssima coroou o Filho de Deus com o diadema da carne no dia que o concebeu, o mesmo Filho coroa no dia da Assunção sua mãe com o diadema da glória celeste".

O Concílio Vaticano II, no final do tratado sobre Maria no mistério da Igreja, lembra que a Assunção de Nossa Senhora é também um sinal de esperança e conforto para todas as criaturas: "A Mãe de Jesus, tal como está nos céus, já glorificada de corpo e alma, é a imagem e o começo da Igreja como deverá ser consumada no tempo futuro. Assim também brilha aqui na terra como sinal da esperança segura e do conforto para o povo de Deus em peregrinação até que chegue o dia do Senhor" (n. 68).

Logo depois de proclamar o dogma da Assunção em corpo e alma ao céu, o Papa Pio XII rezou uma oração. Destaco dois tópicos: "Ó Virgem Imaculada, Mãe de Deus e Mãe dos homens, cremos, com todo o fervor de nossa fé, em vossa assunção triunfal em corpo e alma ao céu, onde sois aclamada Rainha por todos os coros dos anjos e todas as legiões dos santos, e a eles nos unimos para louvar e bendizer o Senhor, que vos exaltou sobre todas as demais criaturas, e para vos oferecer as expansões da nossa devoção e do nosso amor. Cremos que, na glória, onde reinais, revestida do sol e coroada de estrelas, sois, depois de Jesus, a alegria e o júbilo de todos os anjos e de todos os santos. E nós, desta terra onde somos peregrinos, confortados pela fé em uma futura ressurreição, volvemos nossos olhos para vós, nossa vida, nossa doçura e nossa esperança".

12

RAINHA DO CÉU E DA TERRA

São antiquíssimas e sempre rezadas e cantadas pelo povo cristão as antífonas marianas que invocam Maria como Rainha do céu e da terra, dos anjos e das criaturas. Durante o tempo pascal, a mais conhecida antífona que celebra a ressurreição de Jesus começa com estas palavras: "Rainha do céu, alegrai-vos, porque o Senhor ressuscitou como disse!" Uma das orações aprendidas em criança, ao lado da Ave-Maria, é a "Salve, Rainha, Mãe de misericórdia", que a Liturgia das Horas canta na Oração da Noite e a piedade popular com ela encerra a oração do Rosário. Ela foi composta no século XI. Uma terceira antífona, também cantada na Oração da Noite, começa com estes versos: "Ave, Rainha do céu! Ave, dos anjos Senhora!". Quantas vezes invocamos Maria como Rainha na Ladainha: Rainha dos Patriarcas e dos Profetas, Rainha dos Confessores, das Virgens e dos Mártires, Rainha dos Anjos e dos Santos!

Também as liturgias bizantina, copta, armena e outras do Oriente celebram festivamente a realeza de Maria. Lemos, por exemplo, no longo hino *Akátistos*: "Vou elevar um hino à Rainha e Mãe, de quem, ao celebrar, me aproximarei com alegria, para cantar com exultação as suas glórias... Ó Senhora, a nossa língua não te pode louvar dignamente, porque tu, que deste à luz a Cristo nosso Rei, foste exaltada acima dos Serafins... Salve, Rainha do mundo, salve, Maria, Senhora de todos nós!".

Desde os primeiros séculos, a poesia cristã e a liturgia cantaram a dignidade régia da Mãe de Deus. Como a luz do dia vem do sol, a realeza de Maria vem de sua maternidade divina. Já na Anunciação o Arcanjo falava do reinado sem-fim do menino que lhe nasceria por obra e graça do Espírito Santo (*Lc* 1,33). Para a piedade popular, há uma lógica: rei o filho, rainha a mãe. Por que não haveria de ser rainha aquela que o próprio Deus escolhera para ser a mãe do "Rei dos reis e senhor dos senhores" (*Ap* 19,16) e que, por isso mesmo, a preservara imaculada desde a conceição, a fizera "cheia de graça" (*Lc* 1,28) e a mantivera virgem durante e depois do parto?

Com a proclamação do dogma da Assunção corporal de Maria ao céu, o título de Rainha e Senhora do universo, vem espontâneo aos teólogos, aos pregadores e aos papas. Para encerrar o Ano Santo de 1954, decretado pelo Papa Pio XII para celebrar o primeiro centenário do dogma da Imaculada Conceição, o Santo Padre escreveu a encíclica *Ad caeli Reginam*[3] sobre a realeza de Maria e instituiu para toda a Igreja a festa de Nossa Senhora Rainha. Mais tarde, o Papa Paulo VI escreveria na excepcional *Exortação Apostólica sobre o Culto à Virgem Maria*[4]: "A solenidade da Assunção tem um prolongamento festivo na celebração da Realeza da bem-aventurada Virgem Maria, que ocorre oito dias mais tarde, e na qual se contempla aquela que, sentada ao lado do Rei dos Séculos, resplandece como Rainha e intercede como Mãe" (n.6).

Na encíclica, o Papa Pio XII cita, logo no início, ao menos doze Santos Padres que se referem à soberania da Mãe de Deus

---

[3] Pio XII, *Ad Caeli Reginam*, sobre a realeza de Maria, Coleção Documentos Pontifícios, n. 110, Editora Vozes, Petrópolis 1959.

[4] Paulo VI, *Marialis Cultus*, Exortação Apostólica sobre o culto à Bem-aventurada Virgem Maria, coleção Paulinas, n. 83.

sobre toda a criação, com diferentes expressões, mas todas querendo dizer a plenitude de glória e poder de Maria: Senhora, Senhora de todos os que habitam os céus e a terra, Senhora de todas as criaturas, Senhora coroada com um diadema de ouro, Rainha, Rainha do gênero humano, Rainha eterna junto ao Filho do Rei, Rainha do mundo, Rainha do universo, mais eminente que todos os reis.

Em seguida, o Santo Padre passa os olhos nas expressões usadas por seus antecessores, começando pelo Papa Martinho I († 654), que chamou Maria de "gloriosa Senhora nossa, sempre Virgem". Em uma de suas bulas, o Papa Sisto IV († 1484) chamou Maria de "Rainha sempre vigilante, a interceder junto do Rei, que ela gerou". Lembra ainda o Papa Bento XIV († 1758), que afirmou que o Sumo Rei confiou a Maria, em certo modo, seu próprio império. Depois, o Papa lembra alguns Santos, conhecidos por sua teologia mariana. Cito apenas Santo Afonso de Ligório († 1787), que escreveu no clássico livro sobre as Glórias de Maria: "Porque a Virgem Maria foi elevada até ser a Mãe do Rei dos Reis, com justa razão a distingue a Igreja com o título de Rainha".

Escreveu Pio XII na mesma encíclica de 1954 que Maria é Rainha não só por ser a Mãe de Deus, mas também por ter sido associada, pela vontade de Deus, a Jesus Cristo na obra da salvação. Isenta de qualquer culpa pessoal ou hereditária, e sempre estreitissimamente unida ao Filho, ela o ofereceu no Calvário ao Eterno Pai, sacrificando seu amor de mãe em benefício de toda a humanidade manchada pelo pecado. Por isso, assim como Jesus é Rei não só por ser o Filho de Deus, mas também por ser o nosso Redentor, assim pode-se afirmar que Maria é Rainha não só por ser a Mãe de Deus, mas também porque associou-se a Cristo na redenção do gênero humano. "Maria participa da dignidade real – ensina Pio XII – porque desta união com Cristo Rei deriva para ela tão esplendente sublimidade, que supera a excelência de todas as coisas criadas. Desta mesma união com Cristo nasce aquele poder real, pelo qual ela pode dispor dos tesouros do Reino do

Redentor divino". O Reino de Maria é vasto como o de seu Filho, porque nada se exclui de seu domínio.

Pio XII cita ainda uma belíssima passagem da bula *Ineffabilis Deus* da proclamação do dogma da Imaculada Conceição por Pio IX: "Deus fez a maravilha de a enriquecer, acima de todos os anjos e santos, de tal abundância de todas as graças celestiais hauridas dos tesouros da divindade, que ela – imune de toda a mancha do pecado e toda bela – apresenta tal plenitude de inocência e santidade, que não se pode conceber maior abaixo de Deus, nem ninguém a pode compreender plenamente senão Deus".

Ao instituir a festa da realeza de Maria, Pio XII, em boa hora, chamou a atenção para um possível mal-entendido, que poderia também acontecer com o Reinado de Cristo. A realeza de Maria não deve ser considerada em analogia com as realidades da vida política moderna. É verdade que não se podem representar as coisas do céu senão por meio das palavras e expressões da linguagem humana. Mas isso não significa que, para honrar Maria, se deva aderir a uma determinada forma de governo ou a uma particular estrutura política. Conclui o Papa: "Longe de ser fundado sobre as exigências dos seus direitos e a vontade de altivo domínio, o reino de Maria conhece uma só aspiração: o dom completo de si na sua mais alta e total generosidade".

A festa da realeza de Maria a princípio foi celebrada no dia 31 de maio, como conclusão do mês em muitos países dedicado a Maria, com suas belíssimas noites marianas e ladainhas cantadas. Introduziu-se o costume da coroação de Maria, carregado de muita ternura, porque eram quase sempre crianças que coroavam a Mãe do Céu. A introdução da Missa vespertina diminuiu o interesse pelas 'novenas'. A reforma litúrgica, introduzida pelo Concílio Vaticano II, preferiu celebrar no dia 31 de maio o mistério da Visitação e passou a festa de Nossa Senhora Rainha para o dia 22 de agosto, dentro da oitava da solenidade da Assunção de Maria ao Céu.

Na encíclica *Redemptoris Mater* sobre a bem-aventurada Virgem Maria na vida da Igreja que está a caminho (1987), o Papa João Paulo II lembra que em Maria realizou-se plenamente a verdade que 'servir ao Rei é reinar'. Maria, serva do Senhor, tem parte no Reinado do Filho. "A glória de servir não cessa de ser a sua exaltação real: elevada ao céu, não suspende aquele serviço salvífico em que se exprime sua mediação materna" (n. 41). De sorte que ser Rainha do céu e da terra não é apenas a posição mais alta conquistada por uma criatura humana. Mas é também para a humanidade a garantia de uma intercessora generosa, de uma medianeira das graças divinas, de uma advogada segura, de uma dispensadora dos tesouros divinos. A realeza de Maria é essencialmente materna, exclusivamente benéfica.

A pedido do Episcopado brasileiro, o Papa São Pio X, no dia 29 de dezembro de 1903, concedeu que Nossa Senhora Aparecida fosse coroada Rainha do Brasil. Todas as dioceses se prepararam para a solenidade, que se realizou no dia 8 de setembro de 1904, na praça em frente da hoje chamada Basílica Histórica, na presença de 15 mil pessoas e 14 bispos. A cidade tinha então dois mil habitantes. A coroa posta na cabeça da Virgem foi aquela que a Princesa Isabel doara à Senhora Aparecida, em 1884, em agradecimento pela sua (de Isabel) maternidade. Nessa ocasião, os bispos publicaram uma *Carta Pastoral Coletiva* com todo um plano para a Igreja nos novos tempos republicanos e consagraram o plano à Rainha do Brasil. Foram distribuídos milhares de santinhos pelo Brasil afora com o texto da consagração do povo brasileiro a Maria. A oração terminava assim: "Para todos, enfim, sede a porta do céu, a fim de que na eternidade nos encontremos todos reunidos ao redor do trono de vossa glória para bendizer-vos e amar-vos pelos séculos sem-fim".

Volto ao Papa Pio XII e escolho dois trechos da oração que ele escreveu ao anunciar a festa litúrgica de Nossa Senhora Rainha: "Queremos exaltar a vossa realeza com legítimo orgulho de filhos e reconhecê-la como devida à suma excelência de todo o vosso ser, ó suavíssima e verdadeira Mãe daquele que é Rei por direito próprio, por herança, por conquista. Reinai, ó Mãe e Senhora, mostrando-nos o caminho da santidade, dirigindo-nos e assistindo-nos para que dele nunca nos afastemos. Reinai sobre as inteligências, para que não procurem senão a verdade; sobre as vontades para que sigam somente o bem; sobre os corações para que amem unicamente o que vós mesma amais".

13

MARIA, MÃE DA IGREJA

A Igreja sempre venerou Maria como sua mãe. Mesmo porque há uma razão lógica: ela é a Mãe de Jesus, cabeça da Igreja, e a Igreja é o corpo místico de Cristo, princípio e primogênito de todas as criaturas celestes e terrestres (*Ef* 1,18). Por isso mesmo, Maria é a mãe de todos os que nasceram pelo Cristo, tornaram-se irmãos de Cristo e em Cristo, e são herdeiros de sua graça, sua vida e sua glória.

Foi, porém, em pleno Concílio Ecumênico Vaticano II, no dia 21 de novembro de 1964, que o Papa São Paulo VI deu solenemente a Maria o título de 'Mãe da Igreja'. Os Bispos do mundo inteiro acabavam de assinar a Constituição Dogmática *Lumen Gentium*, sobre a Igreja, e o Papa acabara de promulgar, em sessão pública, o novo documento, que implantaria os rumos futuros da eclesiologia e da prática pastoral.

Diferentemente do que se pensara na fase preparatória do Concílio, os Padres Conciliares[1] não fizeram um documento especial sobre o papel de Maria na história da salvação, mas inseriram a doutrina mariana, a pessoa de Maria e sua função como corredentora, no próprio documento sobre a Igreja, ressaltando a Mãe de Je-

[1] Chamam-se Padres Conciliares os bispos participantes de um Concílio Ecumênico, em comunhão com o Santo Padre, com voz e votos nas decisões tomadas.

sus como membro, tipo e modelo da Igreja. No mesmo solene discurso, Paulo VI lembrou que o título não era novo para a piedade dos cristãos, porque desde os primórdios do Cristianismo Maria foi amada como mãe, e o povo sempre recorreu a ela como um filho recorre à mãe. São Dionísio a chama de Mãe da Igreja por desejo do próprio Deus. Também Santo Antonino a chama de Mãe da Igreja. São Bernardino de Sena a chama Mãe de todos os homens. Tomás de Kempis a chama de Mãe de toda a cristandade.

Maria é vista conexa ao mistério trinitário, em sua dimensão cristológica, pneumatológica (Espírito Santo) e eclesiológica. Logo no início do capítulo VIII da *Lumen Gentium*, intitulado "A Bem-Aventurada Virgem Maria Mãe de Deus no mistério de Cristo e da Igreja", marca-se toda a linha de doutrina: "A Virgem Maria, que na Anunciação do Anjo recebeu o Verbo de Deus no coração e no corpo e trouxe ao mundo a Vida, é reconhecida e honrada como verdadeira Mãe de Deus e do Redentor. Em vista dos méritos de seu Filho, foi redimida de um modo mais sublime e unida a ele por um vínculo estreito e indissolúvel, é dotada com a missão sublime e a dignidade de ser a Mãe do Filho de Deus, e por isso filha predileta do Pai e sacrário do Espírito Santo. Por esse dom de graça exímia supera em muito todas as outras criaturas celestes e terrestres. Mas, ao mesmo tempo, está unida, na estirpe de Adão, com todos os homens a serem salvos. Mais ainda: é verdadeiramente a mãe dos membros (de Cristo), porque cooperou pela caridade para que, na Igreja, nascessem os fiéis que são membros desta Cabeça. Por causa disso, é saudada também como membro supereminente e de todo singular da Igreja, como seu tipo e modelo excelente na fé e caridade. E a Igreja Católica, instruída pelo Espírito Santo, honra-a com afeto de piedade filial como mãe amantíssima" (n. 53).

Reconheceu o Papa Paulo VI naquele discurso de encerramento da terceira sessão do Concílio que era a primeira vez que um Concílio Ecumênico apresentava síntese tão vasta da doutrina católica acerca do lugar que Maria Santíssima ocupa no mistério de Cristo e da Igreja. Emocionado, afirmou que queria consagrar à Virgem Mãe um título que sintetizasse o lugar privilegiado de Maria na Igreja. E declarou: "Para a glória da Virgem e para o nosso conforto, proclamamos Maria Santíssima Mãe da Igreja, isto é, de todo o povo de Deus, tanto dos fiéis quanto dos pastores, que a chamam de Mãe amorosíssima. E queremos que, com este título suavíssimo, seja a Virgem doravante ainda mais honrada e invocada por todo o povo cristão". Alguns anos mais tarde, em 1980, o título foi acrescentado à Ladainha lauretana, logo depois da invocação 'Mãe de Jesus Cristo'. Em 2018 o Papa Francisco instituiu a festa litúrgica de Maria Mãe da Igreja e determinou sua celebração na segunda-feira depois do domingo de Pentecostes.

No mesmo discurso, Paulo VI lembrou que o título não era novo para a piedade dos cristãos, porque desde os primórdios do Cristianismo Maria foi amada como mãe e o povo sempre recorreu a ela como um filho recorre à mãe. E argumentou: "Efetivamente, assim como a maternidade divina é o fundamento da especial relação de Maria com Cristo e da sua presença na economia da salvação, operada por Cristo Jesus, assim também constitui essa maternidade o fundamento principal das relações de Maria com a Igreja, sendo ela Mãe daquele que, desde o primeiro instante de sua encarnação, uniu a si, como cabeça, o seu corpo místico, que é a Igreja".

Cito mais um trecho do discurso do Papa em que fala de Maria, imaculada, sim, mas ligada a nós pecadores por laços estreitíssimos: "Embora na riqueza das admiráveis prerrogativas, com que Deus a ornou para fazê-la digna Mãe do Verbo Encarnado, está ela pertíssimo de nós. Filha de Adão como nós e por isso nossa irmã por laços de natureza, ela é a criatura preservada do pecado original em vista dos méritos do Salvador; aos privilégios obtidos, junta a virtude pessoal de uma fé total e exemplar... Nela, toda a Igreja, na sua incomparável variedade de vida e de obras, acha a forma mais autêntica da perfeita imitação de Cristo".

Todos que chegam à Praça São Pedro, em Roma, impressionam-se com a imensa colunata de Bernini, construída em mármore e pedra, como um afetuoso e festivo abraço de acolhimento aos peregrinos. Por cima da colunata, 140 estátuas de tamanho natural, de santos e santas representam a comunhão dos santos, que não é coisa do passado ou apenas do céu, mas a família viva que se une aos cristãos que entram na Basílica. Ora, Nossa Senhora não figura entre os santos da colunata.

O Papa São João Paulo II, em 1981, mandou colocar na parte externa e alta da Secretaria de Estado, que olha para a Praça de São Pedro, a imagem de Maria Mãe da Igreja. Todos a veem de qualquer ponto da Praça. Trata-se de uma cópia feita em mosaico da conhecida como Nossa Senhora da Coluna. Assim chamada, porque seu original estava pintado em uma coluna de mármore da primitiva basílica de São Pedro. Quando essa foi destruída, em 1607, para dar lugar à grande Basílica como a temos hoje, a parte da coluna com a imagem foi posta, na nova igreja, sobre o altar que abriga as relíquias de três papas, os três com o nome de Leão (II, III e IV), onde está até hoje. Dessa pintura, de autor anônimo, foi feito o mosaico que agora domina discretamente a Praça de São Pedro. Vestida de azul celeste, Maria tem nos braços, em gesto de oferecimento ao povo, o Menino que, sorridente, abençoa com a mão direita, à moda grega. Ambos, Mãe e Filho, olham para longe, como que contemplando a Praça, a Cidade e o mundo, derramando sobre todos um olhar de inefável bondade, trazendo à memória a parte final da *Lumen Gentium*, onde Maria é considerada sinal de segura esperança e de conforto ao povo de Deus em peregrinação (n. 68). Sob a imagem, em grandes letras de bronze, legíveis da Praça, está escrito: Mater Ecclesiæ (Mãe da Igreja).

Paulo VI, que dera a Maria o título oficial de 'Mãe da Igreja', desenvolveu o tema na *Exortação Apostólica sobre o Culto à Virgem Maria*, um dos documentos mais bonitos de seu pontificado. O Papa apresenta, por meio das festas marianas do calendário litúrgico, Maria como modelo da Igreja, e pede que suas considerações de ordem bíblica, litúrgica, ecumênica e antropológica sejam levadas em conta na orientação da piedade popular e na elaboração das novas orações marianas (n. 29). O Papa fala de Maria como modelo de quem sabe ouvir e acolher a Palavra de Deus com fé. Esta é uma missão específica da Igreja: escutar, acolher, proclamar, venerar e distribuir a Palavra de Deus como pão de vida (n. 17). Fala de Maria como modelo de pessoa orante e intercessora. Ora, a Igreja todos os dias apresenta ao Pai as necessidades de seus filhos, louva sem cessar o Senhor e intercede pela salvação do mundo (n. 18). Fala de Maria Virgem e Mãe, modelo da fecundidade da virgem-Igreja, que se torna mãe, porque, pelo batismo, gera os filhos concebidos pela ação do Espírito Santo (n. 19). Fala de Maria, que oferece ao Pai o Verbo encarnado, sobretudo aos pés da Cruz, onde ela se associou como mãe ao sacrifício redentor do filho. Diariamente a Igreja oferece o sacrifício eucarístico, memorial da morte e ressurreição de Jesus (n. 20).

Maria é parte essencial da Igreja. Ao assinar a Constituição dogmática sobre a Igreja, no dia 2 de novembro de 1964, o Papa Paulo VI, falando de Maria, lembra a frase do abade belga Ruperto de Deutz, que já citamos em outro capítulo: "Maria é a porção máxima da Igreja, a porção ótima, a porção principal, a porção mais preciosa". Podemos dizer que a Igreja está dentro de Maria e Maria está dentro da Igreja. Essa verdade foi acentuada pelo Papa São João Paulo II na encíclica *Redemptoris Mater*, que leva o sugestivo título: *A Bem-aventurada Virgem Maria na vida da Igreja que está a caminho*: "Existe uma correspondência singular entre o momento da Encarnação do Verbo e o momento do nascimento da Igreja. E a pessoa que une esses dois momentos é Maria: Maria em Nazaré e Maria no Cenáculo de Jerusalém" (n. 24). Depois de acentuar Maria no centro da vida da Igreja, conclui o Papa: “A Virgem Maria está constantemente presente na caminhada de fé do Povo de Deus” (n. 35). “A Igreja mantém em toda a sua vida, uma ligação com a Mãe de Deus que abraça, no mistério salvífico, o passado, o presente e o futuro; e venera-a como Mãe da humanidade” (n. 47).

A diocese de Paranavaí, PR, criada pelo Papa Paulo VI em janeiro de 1968, é dedicada a Maria Mãe da Igreja.

14

AVE-MARIA, ÂNGELUS E ROSÁRIO

Com Adão começou a humanidade. Com Cristo a humanidade foi recriada e "libertada do cativeiro da corrupção e feita participante da liberdade gloriosa dos filhos de Deus" (*Rm* 8,21). E apesar da grandiosidade da criação e da estupenda concepção do Filho de Deus, ambos os fatos acontecem na humildade. Adão foi criado do barro, isto é, nasceu da fragilidade e se distinguirá pela fragilidade. O novo Adão é concebido em uma mulher pobre e simples, na então desprezada vila de Nazaré (*Jo* 1,46), tão frágil quanto o primeiro, excetuado o pecado (*Hb* 4,15).

Recordamos o grande momento da Encarnação do Senhor, sempre que rezamos a *Ave-Maria*, sobretudo a primeira parte. É a oração mais conhecida do povo. Muitos até pensam que toda ela seja feita com palavras do Anjo Gabriel. Sua formulação levou séculos. O texto que temos hoje e que foi oficialmente adotado pela Liturgia é de 1568, quando o Papa São Pio V reformulou o assim chamado 'Breviário romano' e mandou que, antes de cada hora litúrgica, se rezasse o Pai-Nosso e a Ave-Maria.

A primeira parte, composta das palavras do Anjo Gabriel (*Lc* 1,28) e de Isabel (*Lc* 1,42), com o acréscimo do nome 'Maria', mas ainda sem o nome 'Jesus', é antiquíssima. É conhecida desde o Papa São Gregório Magno († 604). Era usada como antífona do Ofertório do IV Domingo do Advento. Depois, passou a ser também a antífona do Ofertório da Festa da Anunciação. Mas só no século e XIII a oração popularizou-se por meio das pregações dos franciscanos e dos dominicanos.

A primeira parte, portanto, nasce na Escritura, cresce na Liturgia e se difunde no meio do povo. A segunda parte faz o caminho inverso. Nasce do povo, que acrescenta ou tira palavras, conforme a necessidade, mas ficando sempre o tema de quem se reconhece pecador e aproxima-se de Maria, pedindo ajuda e encomendando-se a ela na hora da morte. Ela, que trouxe o santo Cristo da vida, nos assista para não morrermos pelo pecado e no pecado. São Bernardino de Sena († 1444), um dos mais famosos pregadores de todos os tempos, costumava rezar a Ave-Maria inteira, primeira e segunda parte, antes dos sermões, e afirma ter aprendido a segunda parte dos lábios do povo. Sabemos que São João Capistrano († 1456) introduziu a segunda parte no mundo germânico, "que ainda não a conhecia", como ele mesmo escreve. O primeiro texto escrito, com a Ave-Maria completa, em latim, como a temos hoje, encontramo-lo pela primeira vez (salvo novas descobertas), em um livrinho manuscrito, de uso pessoal, do beato Antônio de Stroncone, franciscano falecido, em 1461, e que disse possuí-lo desde criança, o que significaria no primeiro decênio de 1400.

Observemos como no centro da *Ave-Maria* está a palavra e a figura de Jesus. O povo soube pôr Jesus em seu lugar. Estando no centro, lembra-nos que todo o inefável mistério da Anunciação gira em torno dele e de sua missão: tirar o pecado do mundo (*Jo* 1,29), redimir-nos e introduzir-nos na vida eterna, na comunhão com Deus. Assim como Maria foi chamada por Deus para gestar aquele "em quem habita toda a plenitude da divindade em forma corporal" (*Cl* 2,9) e foi enviado pelo Pai para "vivificar os que estavam mortos pelo pecado" (*Cl* 2,13), assim nós a chamamos para, com seu Filho redentor, socorrer-nos enquanto estamos "nesse corpo de pecado" (*Rm* 6,6) e ajudar-nos na vitória final contra a morte.

De novo estamos diante do confronto entre grandeza e humildade, entre Criador e criatura, entre Redentor e redimido. Talvez a palavra 'confronto' não fique bem, porque a grandeza de Deus, servindo-se da humildade, vem ao encontro da criatura humilhada pelo mal e pelas circunstâncias da vida, condenada que foi a "comer o pão amassado com o suor do rosto" (*Gn* 3,19), mas que, graças a Jesus, comendo outro pão, amassado com o sangue divino, encontra a força de ultrapassar a morte.

A encarnação do Filho de Deus no seio de Maria é um mistério, isto é, um fato maior que a compreensão humana. E um fato que recondicionou a situação e o destino da humanidade. A piedade popular recorda todos os dias esse mistério por meio da oração conhecida com o nome latino *Ângelus*, repetida no início, no meio e no fim do dia, ou seja, no começo, durante e no fim do trabalho diário. Para dizer que a Encarnação de Jesus diz respeito à vida inteira das criaturas e tudo quanto fizermos, a partir da Anunciação, deve ser feito "em nome do Senhor Jesus e em agradecimento a Deus por ele" (*Cl* 3,17). Em muitíssimos lugares, a oração é lembrada pelo toque dos sinos, às seis da manhã, ao meio-dia e às 18 horas. E não é um toque qualquer. Primeiro se dão por três vezes três batidas. Para lembrar a Santíssima Trindade: o Pai que enviou o Filho e o Filho que se encarnou por obra e graça do Espírito Santo.

É bem antiga a oração do *Ângelus*. Talvez tenha sido inspirada pelo costume muçulmano de convocar, do alto dos minaretes, o povo para a oração. Quando São Francisco voltou do encontro com o sultão do Egito, escreveu uma carta aos governantes dos povos. A certa altura, suplica: "Diante do povo que vos foi confiado, prestai ao Senhor este testemunho público de veneração: todas as tardes mandai proclamar por um pregoeiro, ou anunciai por algum sinal, que todo o povo deverá render graça e louvores ao Senhor Deus todo-poderoso". Já, em 1250, no convento franciscano de Arezzo, ao entardecer, se batiam os sinos para que o povo pudesse rezar a Ave-Maria (que então só se rezava até 'bendito o fruto do vosso ventre'). O Capítulo geral dos Franciscanos, em 1269, sendo então Ministro geral São Boaventura, prescreveu a todos os Frades saudar a Mãe de Deus ao cair da tarde, recitando a oração da Ave-Maria, para recordar o mistério da Encarnação do Senhor. No início do século XV o Sínodo de Colônia, Alemanha, estabeleceu que "daqui em diante, todos os dias, em todas as igrejas, próximo ao nascer do sol, se soem três vezes o sino. O mesmo se faça ao entardecer, para saudar a Virgem gloriosíssima". Em 1456, o Papa Calisto III prescreveu o toque dos sinos também ao meio-dia, com a reza das três Ave-Marias.

Em Roma, aos domingos e dias santos, o Papa reza o *Ângelus* da janela de seus aposentos com o povo reunido na Praça São Pedro. O costume foi iniciado pelo Papa Pio XII, no Ano Santo mariano de 1954. Um momento expressivo que repõe aos fiéis o milagre da Encarnação, origem do novo Povo de Deus, a Igreja.

O *Ângelus* se compõe da explicitação em três frases do dogma da Encarnação, acompanhada cada frase de uma Ave-Maria. Primeira frase: O Anjo do Senhor anunciou a Maria, e ela concebeu do Espírito Santo. *Ave-Maria*. Segunda: Eis aqui a serva do Senhor, faça-se em mim segundo a tua palavra. *Ave-Maria*. Terceira: E o Verbo se fez carne e veio habitar entre nós. *Ave-Maria*. Uma oração curta, que consegue englobar toda a verdade do mistério: a iniciativa de Deus que encontra a disponibilidade de Maria, a origem divina de Jesus (Espírito Santo) e a encarnação humana (Maria), tornando-se o Emanuel, o Deus que veio habitar entre nós para que nós pudéssemos morar com Deus.

Outra belíssima oração mariana, estreitamente ligada ao mistério da Redenção, é o Rosário, feito quase todo de Ave-Marias. A Ave-Maria, repetida três vezes na oração do *Ângelus* e 10 vezes em cada mistério do Terço, continua sendo a oração mais singela e profunda em torno da Encarnação e suas benéficas consequências.

Dificilmente, alguém conseguirá determinar as origens do Rosário. Ele já era rezado antes que o povo compusesse a segunda parte da Ave-Maria. É lenda, nascida 200 anos depois da morte de São Domingos, que ele tenha recebido o Rosário das mãos de Nossa Senhora. Mas é fato histórico que o Rosário foi difundido pelos missionários franciscanos e dominicanos a partir do fim do século XIII, para levar o povo a refletir sobre os mistérios da fé. Como a maioria absoluta do povo (e muitos monges também) eram analfabetos e não podiam ler os 150 salmos, rezavam 150 Ave-Marias. Entre 1410 e 1430, começou-se a dividir o Rosário em três partes, daí nascendo a palavra 'Terço'. O Papa dominicano São Pio V, em 1569, oficializou a oração do Rosário, como o temos hoje, tornando-o uma oração universal. Nos nossos dias, em outubro de 2002, o Papa São João Paulo II, criou mais um 'Terço', com os por ele chamados Mistérios da Luz. Que enriqueceram ainda mais o sentido que sempre teve o Rosário: uma oração de meditação sobre os mistérios da Redenção. O Papa João Paulo II começa a Carta Apostólica assim: "O Rosário da Virgem Maria, que ao sopro do Espírito de Deus se foi formando gradualmente no segundo Milênio, é oração amada por numerosos Santos e estimulada pelo Magistério[1]. Na sua simplicidade e profundidade, permanece, mesmo no terceiro Milênio recém-iniciado, uma oração de grande significado e destinada a produzir frutos de santidade. Ela enquadra-se perfeitamente no caminho espiritual de um Cristianismo que, passados dois mil anos, nada perdeu do seu frescor original".

[1] Por Magistério, na Igreja Católica, entendemos o Papa e os Bispos em comunhão com ele, quando explicam as Sagradas Escrituras, interpretam a Tradição ou pregam as verdades da fé e da moral. A Igreja distingue dois tipos de Magistério: o ordinário, exercido pelo Papa e pelos Bispos em comunhão com ele, quando explicam a Palavra de Deus; e o extraordinário, exercido pelo Papa em ocasiões especiais, afirmando ele explicitamente que está fazendo uso do magistério extraordinário, ou pelo Papa e Bispos em comunhão com ele num Concílio Ecumênico, quando tratam de matéria de fé e de moral.

A Ave-Maria, o Ângelus e o Rosário, olham para Maria. Mas nela veem a Mãe do Redentor. A Ave-Maria é uma fórmula de saudação, de proclamação, de afirmação, de pedido. E assim como Jesus, ao se encarnar, 'desceu' dos céus, ligando Criador e criatura, nós, criaturas manchadas e fracas, por ele, que "tudo pode" (*Lc* 1,37), religamos a terra ao céu. Isso é mais que sonho. É mais que utopia. É mais que esperança. É certeza de fé. São Paulo afirmou essa verdade com muitas palavras e modos e explode em cânticos de alegria e agradecimento, em suas cartas, quando se lembra da misericórdia divina: "Vivei arraigados e fundados em Cristo, apoiados na fé e cheios de gratidão... Nele encontrareis tudo o que quereis" (*Cl* 2,6-14). Aqui está a grande consequência da encarnação de Jesus no seio de Maria. Se grande é o mistério da encarnação do Filho de Deus, grande é também o milagre da salvação trazida por ele.

15

NOSSA SENHORA DA CONCEIÇÃO APARECIDA

São inumeráveis os títulos dados a Nossa Senhora ao longo dos dois milênios, por todos os povos. Títulos de louvor e carinho. Títulos de agradecimentos e pedidos. Títulos que vão da extrema angústia à máxima alegria. Que vão da piedade popular à solene e litúrgica. Não falaremos deles. Escolhemos, porém, um, porque é o título da Padroeira do Brasil: Nossa Senhora Aparecida. Mas não vamos falar de sua história, seus milagres e seu significado para a unidade religiosa nacional. Vamos falar de dois símbolos de que sua imagem vem revestida.

A pequena e milagrosa imagem da Virgem, encontrada por três pescadores no rio Paraíba, na segunda quinzena de outubro de 1717, é uma imaculada, de terracota, de apenas 36cm de altura, pesando dois quilos e meio. Seu título oficial é Nossa Senhora da Conceição Aparecida e os textos litúrgicos de sua festa, no dia 12 de outubro, em grande parte, inclusive o prefácio, são os mesmos da festa da Imaculada Conceição, que se celebra no dia 8 de dezembro.

O que caracteriza uma imaculada? Não são anjos em torno dela; podem existir e podem faltar. Não é o Menino nos braços. Pode ter, mas pode não o ter. Não é a cor do manto, a coroa de estrelas ou um título oficial dado pela Igreja. As estátuas e pinturas da Imaculada Conceição se distinguem por terem aos pés o dragão (quase sempre representado pela serpente) e a meia-lua. Dois símbolos fortes, oriundos tanto da cultura universal quanto das páginas bíblicas.

É sabido que a lua ocupa um lugar destacado na simbologia, religiosa e profana, de todas as culturas antigas. Quase sempre em ligação estreita com o sol. Nos quadros dos reis e imperadores divinizados em vida, costumava-se pintar o sol e a lua por sobre suas cabeças, para dizer que eles estavam 'nas alturas'. Maria, que carrega consigo o sol divino, tem a lua debaixo dos pés: está marcada por Deus, é a 'cheia de graça', é mais alta que os céus que abrigam o sol e a lua, é celestial, ainda que habite em Nazaré e caminhe por Jerusalém.

Um dos significados mais presentes na figura da lua é o da morte e ressurreição, porque a lua nasce, cresce, alcança um auge, mingua e 'morre' para 'ressuscitar' três dias depois. Não foi difícil ligar esse simbolismo ao papel de Maria: gerar aquele que passará por todo o ciclo da vida e da morte, mas ressurgirá, refazendo a vida. Maria, imaculada, que carrega a Vida divina, tem o pequeno ciclo da vida e morte humanas sob seus pés: é senhora e dona da vida e da morte.

A lua sempre esteve ligada, por seu ciclo de 28 dias, à fecundidade. Todos os povos sabiam que a lua tinha influência sobre o brotar das sementes e o amadurecer das espigas. As mulheres sabiam que seu ciclo feminino se parecia muito ao da lua. Por isso mesmo, a lua era considerada a deusa da fecundidade, do parto e até mesmo do tempo (muitos povos, inclusive o hebreu, contavam os anos pela lua). Mas, por ser iluminada pelo sol sem nada perder de sua integridade, algumas culturas, como a romana, honravam a lua como deusa da virgindade. Mãe e virgem ao mesmo tempo era Maria. A lua sob seus pés lembra o duplo e inseparável privilégio de Maria: ser mãe, permanecendo virgem.

A lua depende do sol, mas brilha soberana no meio da noite. Maria depende do Cristo, em função de cuja maternidade recebeu todos os privilégios, mas, exatamente por causa do Cristo-Sol, não é afetada pelas trevas do pecado, brilha límpida com a luz que lhe vem da maternidade divina.

Todos esses símbolos e outros estão contidos na frase do Apocalipse, que inspirou os escultores: "Apareceu no céu um grande sinal: uma mulher vestida do sol, com a lua debaixo dos pés" (12,1). Nos primeiros séculos do Cristianismo, essa mulher vestida do sol era interpretada como sendo a Igreja, que recebe toda a luz do Cristo. Aos poucos, a mulher revestida de sol passou a significar Nossa Senhora. A lua, sob seus pés, sem deixar o simbolismo pagão, assumiu novo significado: Maria é a senhora dos tempos, a mãe das mães e a virgem das virgens, humana, mas santíssima, terrena, mas elevada acima dos astros e no mais alto dos céus, aquela que resplandece na plenitude da luz da graça sem jamais ter conhecido a escuridão do pecado. Essa página do Apocalipse é lida como segunda leitura na festa de Nossa Senhora Aparecida.

O simbolismo da serpente, talvez, seja mais fácil de entender. É preciso recordar a página do Gênesis, onde se conta, também em forma de figuras, a criação e a queda de nossos primeiros pais. Deus criou Adão e Eva e os pôs em um jardim, em cujo centro existia a árvore da vida (símbolo da imortalidade) e da qual Deus proibira comer os frutos. O demônio, em forma de serpente, induziu Eva a colher e comer um dos frutos da árvore proibida. Em consequência, eles perderam a imortalidade: "sois pó e ao pó tornareis" (*Gn* 3,19).

Sobre a cobra maldita Deus pronunciou, então, uma profecia. Uma profecia, que foi traduzida de diferentes maneiras. Na Bíblia hebraica se diz: "Porei inimizade entre a tua descendência e o descendente dela". Um substantivo masculino e no singular. Os 70 Sábios, que passaram o texto para o grego, conservaram o masculino e o singular. Mas São Jerônimo, ao passar o texto para o latim, escreveu “entre a tua descendência e a descendência dela”, usando um feminino generalizado. Com isso, a frase que segue, tem sentido ambíguo: “ela te esmagará a cabeça”. ‘Ela’ está no lugar de ‘descendência’ ou de ‘mulher’? Muitos Santos Padres atribuíram o ‘ela’ a Nossa Senhora. Outros mantiveram o hebraico e viram no ‘descendente’ (masculino e singular) uma alusão a Jesus Cristo. Os pintores e escultores trabalharam sutilmente o tema: ora é Maria que esmaga a serpente ou enterra o dardo na cabeça do dragão, ora é o Menino, mas, nesse caso, a mãe tem seu pé sobre o pé do Menino.

De qualquer maneira, a serpente aos pés de Maria, nos quadros da Imaculada, refere-se ao demônio enganador do paraíso. Jesus é o novo Adão. Maria é a nova Eva. Ambos são vitoriosos sobre o demônio. As tentações de Jesus no deserto confirmam a vitória (*Lc* 4,1-13). No paraíso terrestre, o demônio levou Eva e Adão à morte. Agora, o diabo e a morte são derrotados e novamente a criatura humana se reveste de imortalidade (*1Cor* 15,53), torna-se participante da natureza divina (*2Pd* 1,4). Com o Cristo, Filho de Deus, fruto bendito do ventre de Maria, o homem reconquistou o paraíso perdido e ganhou novamente o título de cidadão do céu.

A serpente debaixo dos pés de Maria Imaculada pode ter outros significados interessantes. Por exemplo, se nos lembrarmos que a cobra vive em buracos escuros, mas gosta de expor-se aos raios do sol, ela bem poderia simbolizar o binômio ‘trevas/luz’, tão acentuado por João Evangelista. Maria, sem pecado, está inteiramente fora das trevas do pecado e é portadora daquele que se declarou a “luz do mundo” (*Jo* 8,12), o “sol que vem do alto para iluminar os que estão sentados nas trevas e nas sombras da morte” (*Lc* 1,79).

A cobra também troca de pele todos os anos. Por isso ela foi comparada nas culturas antigas à lua que, sempre de novo, se refaz. A cobra aos pés de Maria poderia ter o mesmo sentido da lua, significando que Maria Imaculada é portadora daquele que é o Senhor da vida e da morte e transformou a morte em vida.

Gostaria de lembrar mais um possível sentido para a serpente sob os pés da Imaculada Conceição. O Salmo 91, que celebra a proteção de Deus aos que o amam, e que foi citado pelo demônio nas tentações do deserto (*Lc* 4,11), no versículo 13, fala do servo de Deus que poderá andar por sobre víboras e dragões. Lucas, o Evangelista mariano, põe na boca de Jesus, quando os 72 discípulos retornaram da missão, estas palavras: "Dei-vos poder para pisar em serpentes e elas não vos fizeram mal" (cf. *Lc* 10,19). Também Paulo, na carta aos Romanos, retoma a figura para dizer que os sábios diante do bem e os íntegros diante do mal esmagarão Satanás debaixo dos pés (*Rm* 16,20). Ora, Maria Imaculada foi protegida por Deus desde antes de sua concepção, amou ternissimamente a Deus com amor de mãe, de filha e de esposa, conservou-se íntegra diante do mal e do pecado. Por tudo isso, pisa na cabeça da serpente, símbolo do mal, da mentira e das insídias.

Em muitos quadros e imagens da Imaculada, em vez da serpente, encontramos o dragão, um animal imaginário, presente em todas as grandes culturas antigas, inclusive na Bíblia. O dragão sempre simbolizou as forças hostis à divindade. Em todos os mitos e lendas, a vitória sobre o dragão significava a vitória sobre as trevas, a maldade, o caos. O Apocalipse fala do dragão que perseguiu impotente a mulher que acabara de dar à luz um menino (*Ap* 12,4). Esta passagem do Apocalipse, ainda que passível de outras interpretações, aplica-se muito bem a Nossa Senhora e a seu Filho Jesus, ambos imaculados, ambos santíssimos, ambos vencedores do mal e da morte.

Compreender os símbolos que acompanham as imagens e pinturas sagradas pode ajudar muito a devoção, porque os símbolos descrevem e reforçam as qualidades que distinguiram o santo. A estátua de Nossa Senhora Aparecida é uma imaculada. Os dois símbolos que lhe estão aos pés a proclamam sem nenhuma sombra de pecado, santíssima, cheia da graça divina, vitoriosa sobre o mal, o demônio e a morte, mãe fecunda e virgem consagrada, portadora de vida e salvação, senhora vitoriosa e defensora da humanidade. Bem cantam os milhares de peregrinos: "Viva a Mãe de Deus e nossa / Sem pecado concebida / Viva a Virgem Imaculada / A Senhora Aparecida!"

No Brasil, as dioceses de Aparecida (SP), Brasília (DF), Cascavel (PR), Itabira-Coronel Fabriciano (MG) e Passo Fundo (RS) são dedicadas a Nossa Senhora Aparecida. Ela é também a Padroeira da capela embutida no pedestal da estátua do Cristo Redentor, no Rio de Janeiro.

16

TÍTULOS DADOS A MARIA NA *LUMEN GENTIUM*

O oitavo e longo capítulo da Constituição Dogmática *Lumen Gentium* do Concílio Vaticano II trata da Bem-Aventurada Virgem Maria Mãe de Deus no mistério de Cristo e da Igreja. No dia de sua assinatura por todos os conciliares e promulgação, o Papa Paulo VI afirmou: "É a primeira vez que um Concílio Ecumênico apresenta síntese tão vasta da doutrina católica acerca do lugar que Maria Santíssima ocupa no mistério de Cristo e da Igreja". O Irmão marista Paulo Naufel († 1997) apresentou em forma orante o conteúdo doutrinal do texto conciliar. São, portanto, títulos que a Igreja dá a Maria de Nazaré. Naquela mesma ocasião o Papa Paulo VI deu a Maria oficialmente o título de Mãe da Igreja e pediu aos bispos: "Em sinal de gratidão cada um de vós empenhe-se em manter alto entre o povo cristão o nome e a honra de Maria, aponte nela o modelo da fé e da plena correspondência a todo o convite de Deus, o modelo da plena assimilação ao ensino de Cristo e da sua caridade, a fim de que, unidos em nome da Mãe comum, sintam-se sempre todos os fiéis mais firmes na fé e na adesão a Jesus Cristo, e ao mesmo tempo mais fervorosos na caridade para com seus irmãos, promovendo o amor aos pobres, o apego à justiça, a defesa da paz. Como já exortava o grande Santo Ambrósio[1], que em todos e em cada um esteja a alma de Maria para que engrandeça o Senhor; esteja em cada um o espírito de Maria, para que exulte em Deus".

Não sei se o Irmão Paulo Naufel publicou seu texto em livro. Encontrei a seleção em um programa de festa escolar no Colégio Marista de Vila Velha, ES. Os títulos foram postos em forma de súplica litânica. Pode, portanto, servir de oração. Estando estes títulos em uma constituição dogmática de um Concílio, podemos dizer que são os títulos oficiais que a Igreja dá à Mãe de Deus Maria de Nazaré.

Santa Mãe de Deus
Rogai por nós
Filha predileta do Pai
Mãe do Verbo encarnado
Templo do Espírito Santo
Virgem eleita desde toda a eternidade
Nova Eva
Filha de Adão
Filha de Sião
Virgem imaculada
Virgem de Nazaré
Virgem, santuário do Espírito
Mãe do Senhor
Mãe do Emanuel
Mãe de Cristo
Mãe de Jesus
Mãe do Salvador
Mãe do Redentor
Tu, que acolheste a Palavra
Tu, que deste ao mundo a Vida

---

[1] Santo Ambrósio, *Comentário ao Evangelho de São Lucas*, II, 26.

Tu, que apresentaste Jesus no Templo
Tu, que mostraste Jesus aos Magos
Tu, que alegraste as bodas de Caná
Tu, que cooperaste na missão redentora
Tu, que sofreste aos pés da Cruz
Tu, que imploraste o Dom do Espírito Santo
Mãe dos viventes
Mãe dos fiéis
Mãe de todos os homens
Eleita entre os pobres do Senhor
Humilde serva do Senhor
Servidora da Redenção
Peregrina no caminho da fé
Virgem obediente
Virgem da esperança
Virgem do amor
Modelo de santidade
Membro eminente da Igreja
Figura da Igreja
Mãe da Igreja
Advogada nossa
Auxílio dos cristãos
Socorro dos pobres
Medianeira da graça
Assunta à glória celeste
Glorificada no corpo e na alma
Exaltada acima dos anjos e dos santos
Rainha do universo
Sinal de consolação
Sinal de segura esperança
Sinal da glória futura.

17

OS SANTOS PADRES E MARIA

Ricardo Stanihursto, falecido em 1618, compôs em latim um longo texto, em forma de oração, com frases dos Santos Padres sobre Maria na história da salvação. Tento oferecer aos leitores uma tradução. Lembro que nesse texto o 'por ti' raramente é passivo e quase sempre tem o sentido de 'através de ti', 'por tua causa'. Atrás do nome do autor, acrescentei a data de sua morte, para que o leitor possa localizá-lo dentro da história. Retirei do texto de Stanihursto Santo Anselmo e São Bernardo, por pertencerem ambos ao segundo milênio. Penso que lista de textos parecidos poderíamos montar com muitos outros teólogos santos posteriores, como Santo Anselmo (1109), São Bernardo (1153), São Francisco de Assis (1226), Santo Antônio de Pádua (1231), Santo Tomás (1274), São Boaventura (1274), Bem-aventurado Duns Scotus (1308), São Bernardino de Sena (1444), Santo Afonso de Ligório (1787). Ou com citações dos Papas recentes, sobretudo a partir do bem-aventurado Pio IX (1878) até o atual Papa Francisco. Maria, mãe de Deus e mãe da humanidade, é presença constante e atuante em todos os tempos, desde o momento em que ela aceitou ser a Mãe de Jesus, homem-Deus nosso Salvador.

Rainha da inteira natureza humana, que possuis todos os predicados a ponto de ninguém poder comparar-se contigo e só tens Deus acima de ti, como posso eu, pobrezinho, tecer-te louvores? Podem meus lábios cantar teu nome? Pode minha voz anunciar tua grandeza? Tu, Virgem Maria, és bendita entre as mulheres de todas as gerações! Bendita nos céus e bendita na terra! Com alegria te glorificam todas as línguas, chamando-te a mãe da vida. Tudo foi criado para a tua glória. O universo inteiro foi santificado com teu óleo perfumado. Nunca experimentaste o pecado! A queda dos nossos primeiros pais foi transformada em alegria para ti (Santo André de Creta – 740).

Através de ti, fomos enriquecidos de extraordinários bens! (Basílio de Selêucia – 468).

Por Eva nos veio a desgraça, por ti, Virgem, nos veio a salvação (Santo Ambrósio – 397).

Pela mulher-Eva nos veio a morte, por ti-mulher nos veio a vida. Por Eva nos veio a destruição, por ti, Maria, a salvação (Santo Agostinho – 430).

Por ti o gênero humano mortal foi reintegrado. Por ti a tristeza de nossa primeira mãe Eva foi mudada em alegria (São João Damasceno – 750).

O nó da desobediência de Eva tu o desataste por tua obediência (Santo Irineu – 202).

Eva era virgem e incorrupta, concebendo a palavra da serpente, gerou a desobediência e a morte. Tu, porém, concebeste fé e alegria quando o anjo Gabriel te anunciou a boa nova de que o Espírito do Senhor viria sobre ti, a força do Altíssimo te cobriria com sua sombra de modo que o Santo que de ti nascesse, seria o Filho de Deus (São Justino – 130).

Por ti, causa de nossa vida, nasceu a vida para nós. Por ti o Filho de Deus veio ao mundo. Onde abundou o pecado, superabundou a graça. Onde irrompeu a morte, ali brotou a vida, para que a vida substituísse a morte. Aquele, que pela mulher se fez vida para nós, afastou a morte, que nos viera pela mulher Eva (Santo Epifânio – 403).

De ti veio a verdadeira vida para o mundo. Porque deste à luz o Vivente és a verdadeira mãe de todos os viventes (Santo Epífânio – 403)

Por ti foi restaurada a vida do gênero humano (Santo Ildefonso – 667).

Por ti, conseguimos o paraíso. Por ti a família humana retornou à pátria. Por ti foi inutilizada a espada que nos expulsou do paraíso. Por ti as portas fechadas das delícias foram abertas. Por ti se realizaram as esperanças dos profetas (Jorge de Nicomédia – séc. IX).

Por ti o mundo alcançou a serenidade e a tranquilidade, já que deste à luz o porto seguro, Cristo Jesus (Santo Epifânio – 403).

Por ti, Virgem santa, foi derrubado o muro da inimizade. Por ti a paz celeste se estendeu sobre o mundo. Por ti os homens se tornaram anjos. Por ti os homens foram chamados amigos, servos e filhos de Deus. Por ti os seres humanos mereceram ser companheiros dos anjos e com eles conversar familiarmente. Por ti a boa nova celestial é transmitida aos céus a partir da terra. Por ti os homens confiam no Altíssimo. Por ti a Cruz resplandeceu por toda a terra, de cujo lenho pendeu Jesus Cristo, nosso Deus. Por ti a morte foi vencida e o inferno desfalcado. Por ti tombaram os ídolos. Por ti conhecemos o unigênito Filho de Deus, a quem, Virgem santíssima, deste à luz, o Senhor nosso Jesus Cristo (Santo Epifânio – 403).

Por ti fomos reconciliados com Deus e nos foi dada a graça e a paz e podemos dançar com os anjos. Nós, que outrora estávamos manchados e infames, agora fomos feitos filhos de Deus (São João Damasceno – 750).

Por ti foi dada a salvação de todos (Santo Ambrósio – 397).

Por ti fomos reconciliados com Cristo, nosso Deus, teu dulcíssimo filho (Santo Efrém – 373).

Por ti apareceu a salvação do mundo para os que creem (Breviário romano, festa da Natividade).

Por ti conseguimos a remissão dos pecados (São João Crisóstomo – 407).

Por ti todas as criaturas mereceram a vida (São Pedro Crisólogo – 450).

Por ti Deus, intervindo na humanidade, a mudou para melhor (São João Damasceno – 750).

Por ti a triste notícia da condenação foi mudada em jubiloso anúncio de alegria (Santo André de Creta – 740).

Pela concepção e pelo parto virginal ocultaste ao inferno o nascimento do Filho de Deus Salvador, pensando o demônio que teu filho tinha origem semelhante e a fraqueza de todos os homens (São Leão Magno – 461).

Por ti, Virgem e Mãe, o sexo feminino foi exaltado (São Proclo – 485).

Por ti brilhou para nós o claríssimo sol da justiça (Santo Efrém – 373).

Tu foste a única ponte pela qual Deus desceu à criatura humana (São Proclo – 485).

Por ti a terra inteira se encheu da glória de Deus. Por ti todos, dos pequenos aos grandes, conheceram o Deus vivo. Por ti todos viram a salvação de Deus. Por ti os confins da terra se voltaram para o Senhor. Por ti encontraram Deus aqueles que não o encontraram na observância da Lei. Por ti nos veio Deus e nós vimos sua glória, a glória do Unigênito do Pai (Santo Ildefonso – 667).

Por ti e em ti o Filho de Deus assumiu a condição de servo sem a mancha do pecado; elevando a humanidade, ele não diminuiu a divindade, porque o aniquilamento pelo qual o invisível se tornou visível foi abaixamento de sua misericórdia, não falta de poder (São Leão Magno – 461).

Por ti se acenderam os sete dons do Espírito Santo e iluminaram o mundo (Jorge de Nicomédia – séc. IX).

Por ti temos um médico para os doentes. Para os que estavam sentados nas trevas brilhou o Sol da justiça. Para os que estavam em tempestade foi lançada uma âncora e garantido um porto seguro. Aquele que é nossa paz garantiu a reconciliação com Deus e com os inimigos, a redenção para os cativos, a defesa para os que lutam na guerra (São João Crisóstomo – 407).

Por ti nos foi dada a garantia de salvação (Santo André de Creta – 740).

Por ti difundiu-se largamente a beleza da virgindade (São João Damasceno – 750).

Por ti fomos desamarrados dos laços da morte (São João Damasceno – 750).

Por ti santifica-se a Trindade, por ti a santa Cruz é celebrada e adorada em todo o mundo. Por ti exulta o céu, alegram-se os anjos e os arcanjos, fogem os demônios, e a criatura humana retorna para o céu. Por ti, superada a idolatria, todos se voltaram para o conhecimento da verdade, os fiéis se aproximaram do santo Batismo e em todo o mundo se levantaram igrejas. Com tua ajuda o povo faz penitência. Que mais? Por ti o Unigênito Filho de Deus, luz verdadeira, brilhou para os que jaziam nas trevas e na sombra da morte. Por ti falaram os profetas, por ti pregaram os apóstolos a salvação ao povo. Poderia alguém ainda acrescentar alguma coisa à ladainha dos teus louvores? (São Cirilo de Alexandria – 444).

Todos juntos cantemos hinos sacros e melodiosos! Permanece na glória tu que foste predestinada a ser a Mãe de Deus! Permanece na alegria, tu que foste eleita antes dos séculos por um desígnio de Deus, germe divino da terra, habitação do fogo celeste, obra prima do Espírito Santo, fonte de água viva, paraíso da árvore da vida, ramo vivo portando o divino fruto, donde fluem o néctar e a ambrósia, rios de aromas do Espírito, terra produtora da divina espiga, rosa resplandecente da virgindade, donde emana o perfume da graça, lírio da veste real, ovelha que geras o Cordeiro de Deus que tira o pecado do mundo, instrumento de nossa salvação, superior às potências angélicas, Serva e Mãe (São João Damasceno – 749).

Que louvores pode tributar-te a fragilidade do gênero humano, fragilidade que só tu encontraste modo de robustecer? Recebe, portanto, os louvores de todas as pessoas, de todos os que te agradecem, ainda que indignos de ti. E ao receber nosso aplauso, releva nossa culpa. Aceita nossa prece. Dá-nos o remédio da reconciliação. Não recuses o que te trazemos. Concede-nos o que confiantemente te pedimos. Recebe o que te oferecemos. Perdoa nosso medo, porque tu és a única esperança dos pecadores. Por ti esperamos o perdão dos pecados e em ti, Santíssima, está a esperança do nosso prêmio. Santa Maria, socorre os pecadores, ajuda os fracos, consola os aflitos, reza pelo povo, intervém em favor do clero, intercede pelas mulheres, todos os que celebram a tua festa sintam a tua proteção. Amém" (Santo Agostinho – 430).

18

CONSAGRAÇÃO A NOSSA SENHORA

25 de março de 2022

No dia 25 de março, festa da Encarnação do Senhor, durante uma liturgia penitencial na Basílica de São Pedro, o Papa Francisco renovou a consagração do mundo ao Imaculado Coração de Maria. Digo 'renovou', porque o Papa Pio XII, no dia 31 de outubro de 1942, já consagrara o mundo a Maria. E, em 1964, em pleno Concílio Ecumênico, o Papa São Paulo VI repetira solenemente a consagração. E, em 25 de março de 1984, novamente o Papa São João Paulo II fizera a consagração. O Papa Francisco decidiu reconsagrar o mundo a Maria no momento em que se travava dura guerra entre a Rússia e a Ucrânia, com o perigo de se tornar uma nova guerra mundial. Na oração, no penúltimo parágrafo, o Papa fez uma referência aos dois países, com esta frase, que retirei aqui, para ficar o caráter universal e poder ser rezada em todo o tempo: "de modo especial a Rússia e a Ucrânia".

Alguns dias antes, o Santo Padre mandara carta a todos os bispos do mundo: "Convido-o, querido Irmão, a unir-se ao referido Ato, convocando os sacerdotes, os religiosos e os outros fiéis para a oração comunitária nos lugares sagrados, no dia de sexta-feira 25 de março, de modo que o santo Povo de Deus faça, de modo unânime e veemente, subir a súplica à sua Mãe. A propósito, transmito-lhe o texto da própria oração de consagração para poderem recitá-la, ao longo desse dia, em união fraterna". Eis o texto oferecido e rezado pelo Papa:

Ó Maria, Mãe de Deus e nossa Mãe, recorremos a Vós nesta hora de tribulação. Vós sois Mãe, vós nos amais e conheceis: de quanto temos no coração, nada Vos é oculto. Mãe de misericórdia, muitas vezes experimentamos a vossa ternura providente, a vossa presença que faz voltar a paz, porque sempre nos guiais para Jesus, Príncipe da paz.

Mas perdemos o caminho da paz. Esquecemos a lição das tragédias do século passado, o sacrifício de milhões de mortos nas guerras mundiais. Descuidamos os compromissos assumidos como Comunidade das Nações e estamos atraiçoando os sonhos de paz dos povos e as esperanças dos jovens. Adoecemos de ganância, fechamo-nos em interesses nacionalistas, deixamo-nos ressecar pela indiferença e paralisar pelo egoísmo. Preferimos ignorar Deus, conviver com as nossas falsidades, alimentar a agressividade, suprimir vidas e acumular armas, esquecendo-nos que somos guardiães do nosso próximo e da própria casa comum. Dilaceramos com a guerra o jardim da Terra, ferimos com o pecado o coração do nosso Pai, que nos quer irmãos e irmãs. Tornamo-nos indiferentes a todos e a tudo, exceto a nós mesmos. Com vergonha, dizemos: perdoai-nos, Senhor!

Na miséria do pecado, das nossas fadigas e fragilidades, no mistério de iniquidade do mal e da guerra, Vós, Mãe Santa, lembrai-nos que Deus não nos abandona, mas continua a olhar-nos com amor, desejoso de nos perdoar e levantar novamente. Foi Ele que Vos deu a nós e colocou em vosso Imaculado Coração um refúgio para a Igreja e para a humanidade. Por bondade divina, estais conosco e nos conduzis com ternura mesmo nos momentos mais apertados da história.

Por isso acolhei, ó Mãe, esta nossa súplica:

Vós, estrela do mar, não nos deixeis naufragar na tempestade da guerra;

Vós, arca da nova aliança, inspirai projetos e caminhos de reconciliação;

Vós, "terra do Céu", trazei de volta ao mundo a concórdia de Deus;

Apagai o ódio, acalmai a vingança, ensinai-nos o perdão;

Libertai-nos da guerra, preservai o mundo da ameaça nuclear;

Rainha do Rosário, despertai em nós a necessidade de rezar e amar;

Rainha da família humana, mostrai aos povos o caminho da fraternidade;

Rainha da paz, alcançai a paz para o mundo.

O vosso pranto, ó Mãe, comova os nossos corações endurecidos. As lágrimas, que por nós derramastes, façam reflorescer este vale que o nosso ódio secou. E, enquanto o rumor das armas não se cala, que a vossa oração nos predisponha para a paz. As vossas mãos maternas acariciem quantos sofrem e fogem sob o peso das bombas. O vosso abraço materno console quantos são obrigados a deixar as suas casas e o seu país. Que o vosso doloroso Coração nos mova à compaixão e estimule a abrir as portas e cuidar da humanidade ferida e descartada.

Santa Mãe de Deus, enquanto estáveis ao pé da cruz, Jesus, ao ver o discípulo junto de Vós, disse-Vos: "Eis o teu filho!" (*Jo* 19, 26). Assim Vos confiou cada um de nós. Depois disse ao discípulo, a cada um de nós: "Eis a tua mãe!" (19,27). Mãe, agora queremos acolher-Vos na nossa vida e na nossa história. Nesta hora, a humanidade, exausta e transtornada, está ao pé da cruz convosco. E tem necessidade de se confiar a Vós, de se consagrar a Cristo por vosso intermédio. O povo ucraniano e o povo russo, que Vos veneram com amor, recorrem a Vós, enquanto o vosso Coração palpita por eles e por todos os povos ceifados pela guerra, a fome, a injustiça e a miséria.

Por isso nós, ó Mãe de Deus e nossa, solenemente confiamos e consagramos ao vosso Imaculado Coração nós mesmos, a Igreja e a humanidade inteira. Acolhei este nosso ato que realizamos com confiança e amor, fazei que cessem as guerras, providenciai ao mundo a paz. O sim que brotou do vosso Coração abriu as portas da história ao Príncipe da Paz; confiamos que mais uma vez, por meio do vosso Coração, virá a paz. Assim a Vós consagramos o futuro da família humana inteira, as necessidades e os anseios dos povos, as angústias e as esperanças do mundo.

Por vosso intermédio, derrame-se sobre a Terra a Misericórdia divina e o doce palpitar da paz volte a marcar as nossas jornadas. Mulher do sim, sobre Quem desceu o Espírito Santo, trazei de volta ao nosso meio a harmonia de Deus. Dessedentai a aridez do nosso coração, vós que sois fonte viva de esperança. Tecestes a humanidade para Jesus, fazei de nós construtores de comunhão. Caminhastes pelas nossas estradas, guiai-nos pelas sendas da paz. Amém.

19

HINO AKÁTHISTOS

É o mais famoso hino litúrgico mariano. O título *Akáthistos* significa 'estando de pé', ou seja, pede-se que seja cantado ou rezado em coro de pé. É uma oração de louvor e agradecimento, como o Magnificat.

Foi composto no final do século V e ninguém até hoje conseguiu descobrir seu genial autor. O original é grego. As traduções não conseguem reproduzir a sonoridade poética e mística interna. Compõe-se de duas partes: a primeira (estrofes 1 a 12) canta a narração evangélica dos fatos marianos; a segunda (estrofes 13 a 24) é uma catequese sobre as verdades de fé que envolvem a figura e o papel de Maria na história da salvação.

Em uma entrevista dada em 2005, o Patriarca ortodoxo de Constantinopla, Bartolomeu I, afirmou: "É um dos hinos mais belos e mais usados da Igreja Ortodoxa, que comove profundamente a alma de todo fiel. Nos santos mosteiros, ele é lido todos os dias durante o ofício das completas[1], e a maior parte dos monges e muitos leigos devotos o conhecem de cor e o recitam intimamente nas circunstâncias felizes ou dolorosas da vida. É, sobretudo, uma oração de louvor, que exprime com força os senti-

[1] Oração da noite, também chamada Completório.

mentos de maravilhamento, devoção, esperança, confiança e caridade de cada alma pela Toda Santa Mãe de Deus".

Observe-se que o hino é aberto e fechado por um tropário, palavra grega que poderíamos traduzir por antífona mais prolongada. Antes de cada tema, canta-se uma antífona.

No hino Akáthistos, há três palavras que voltam sempre como se fossem um fio que entretece todo o conjunto: a saudação do anjo *Ave* (palavra latina; em grego a saudação é *Xaire* e significa 'alegra-te') e quer dizer que toda a história da salvação está embebida de alegria. A segunda é a expressão *Virgem e Esposa*, que encerra as estrofes e é como que o elo entre o divino e o humano. A terceira palavra é *Aleluia*, expressão pascal da vitória do bem sobre o mal, da vida sobre a morte, do eterno sobre o temporal, vitória que, tendo Jesus como autor único, tem Maria como coautora pela sua maternidade humana e divina.

Vamos ao hino. Não respeitamos as estrofes originais, mas fizemos um texto corrido:

Tropário: A ti, Maria, como ao general invencível, meus cantos de vitória! A ti, que me livraste de meus males, ofereço meus cantos de reconhecimento! Pois que tens uma força invencível, livra-me de toda espécie de perigos, a fim de que te aclame: Ave, Virgem e Esposa!

O anúncio do Anjo Gabriel

O mais sublime dos anjos foi enviado dos céus para dizer 'Ave' à Mãe de Deus. Vendo-te, Senhor, feito homem à sua angélica saudação, deteve-se extasiado diante da Virgem, aclamando-a assim: Ave, por ti resplandece a alegria! Ave, por ti a maldição toda cessa! Ave, reergues o Adão decaído! Ave, tu estancas as lágrimas de Eva! Ave, mistério que excede o intelecto humano! Ave, insondável abismo aos olhares dos anjos! Ave, porque és o trono do Rei soberano! Ave, porque tu governas quem tudo governa! Ave, ó estrela que o sol anuncias! Ave, em teu seio é que Deus se fez carne! Ave, por quem a criação se renova! Ave, o Criador fez-se em ti criancinha! Ave, Virgem e Esposa!

Maria e o anúncio do Anjo

Antífona: Sabendo Maria de ser a Deus consagrada, assim a Gabriel dizia: "A tua mensagem é misteriosa aos meus ouvidos e incompreensível ressoa à minha alma. De uma Virgem um parto tu anuncias", exclamando: Aleluia! Aleluia! Aleluia!

Desejava a Virgem entender o mistério, e ao divino mensageiro pergunta: "Poderá uma virgem dar à luz um menino? – Dize-me!". Com reverência, o Anjo respondia, cantando assim: Ave, mistério, vontade inefável! Ave, ó fé maturada em silêncio! Ave, prelúdio dos faustos de Cristo! Ave, sumário do santo Evangelho! Ave, ó escada sublime por quem Deus nos veio! Ave, ó ponte que os homens ao céu encaminha! Ave, dos Anjos tu és maravilha gloriosa! Ave, do inferno derrota total contundente! Ave, que a Luz por mistério geraste! Ave, que o 'modo' a ninguém ensinaste! Ave, transcendes a ciência dos sábios! Ave, iluminas a todos os crentes! Ave, Virgem e esposa!

Visita de Maria a sua prima Santa Isabel

Antífona: A virtude do Altíssimo a cobriu com sua sombra e tornou Mãe a Virgem sem núpcias: o seio por Deus fecundado tornou-se campo abundante para todos aqueles que buscam a salvação e assim aclamam: Aleluia! Aleluia! Aleluia!

Tendo em seu seio o Senhor, solícita Maria visitava sua prima Isabel. O menino no ventre materno, ouvindo a saudação, exultou, e, saltando de alegria, à Mãe de Deus aclamava: Ave, ó ramo de planta incorrupta! Ave, do fruto imortal, colheita! Ave, cultora do Mestre dos homens! Ave, ó Mãe de quem deu-nos a vida Ave, ó campo veraz que produz muitos frutos! Ave, ó mesa bem farta de perdões abundantes! Ave, tu fazes florir as planícies celestes! Ave, a nós todos preparas um porto seguro! Ave, ó incenso das preces aceitas! Ave, purificação do universo! Ave, bondade de Deus pelos homens! Ave, ante Deus, dos mortais és audácia! Ave, Virgem e esposa!

O anúncio alegre aos pastores

Antífona: Com o coração tumultuado e cheio de dúvidas, o prudente José se debatia. Sabe que és Virgem intacta e suspeita secretos esponsais. Conhecendo-te Mãe pela ação do Espírito Santo, exclama: Aleluia! Aleluia! Aleluia!

Os pastores ouviram os coros dos anjos que cantavam ao Senhor feito homem. Correndo, vão ver o Pastor. Contemplam o Cordeiro inocente alimentando-se do seio materno e à Virgem entoam um canto: Ave, ó mãe do Pastor e Cordeiro! Ave, és aprisco da Mística Ovelha! Ave, preservas do oculto inimigo! Ave, ó chave das portas celestes! Ave, por ti congratulam-se céu e a terra! Ave, por ti, terra e céu, em uníssono cantam! Ave, do apóstolo boca jamais silenciosa! Ave, invencível coragem dos mártires todos! Ave, da fé inabalável baluarte! Ave, da graça fulgente estandarte! Ave, por ti foi o inferno espoliado! Ave, nos tens revestido de glória! Ave, Virgem e esposa!

A adoração dos Magos

Antífona: Observando a estrela que a Deus os guiava, os magos seguiram seu fulgor. Era lâmpada segura em seu caminho, que os conduziu ao Rei poderoso. Chegados ao Deus inatingível, o aclamam felizes: Aleluia! Aleluia! Aleluia!

Contemplaram os magos, no colo materno, Aquele que plasmou o homem em suas mãos. Compreenderam ser ele o seu Senhor, escondido sob o aspecto de servo. Solícitos, oferecem-lhe seus dons e à Mãe aclamam: Ave, que a estrela perene geraste! Ave, és aurora do místico dia! Ave, que a forja do engano extinguiste! Ave, o mistério de Deus iluminas! Ave, o tirano inimigo dos homens destronas! Ave, que o Cristo mostraste Senhor nosso amigo! Ave, resgatas do culto selvagem aos deuses! Ave, teus filhos libertas do ataque do mal! Ave, que o culto do fogo extinguiste! Ave, que aplacas o fogo dos vícios! Ave, que educas o crente a ser casto! Ave, alegria de todos os povos! Ave, Virgem e esposa!

Fuga para o Egito

Antífona: Mensageiros de Deus tornaram-se os magos de volta para suas terras. Cumpriu-se o antigo oráculo quando a todos falavam de Cristo, sem pensar no estulto Herodes, incapaz de cantar: Aleluia! Aleluia! Aleluia!

O Egito tu iluminas com o resplendor da verdade, afugentando as trevas do erro. À tua passagem os ídolos caíam não podendo te suportar, Senhor. E os homens, libertados do engano, à Virgem aclamam: Ave, reergues o gênero humano! Ave, ruína total dos demônios! Ave, esmagaste a potência enganosa! Ave, que o logro dos ídolos mostras! Ave, ó mar que afogou o faraó demoníaco! Ave, rochedo a saciar os sedentos de vida! Ave, coluna de fogo a guiar os errantes! Ave, és abrigo do mundo, mais amplo que as nuvens! Ave, o maná verdadeiro nos deste! Ave, nos serves delícias sagradas! Ave, ó terra por Deus prometida! Ave, ó fonte do mel e do leite! Ave, Virgem e esposa!

A virgindade fecunda de Maria

Antífona: Simeão, o velho, já no fim dos seus dias, estava para deixar a sombra deste mundo. A ele foste apresentado como Menino, mas, vendo-te qual Deus poderoso, admirou o arcano desígnio e exclamava: Aleluia! Aleluia! Aleluia!

Renovou o Excelso as leis deste mundo quando veio habitar entre nós. Germinado no seio de uma Virgem, conserva-o intacto como sempre o fora. Nós, admirados por este prodígio, à Virgem santa cantamos: Ave, ó flor da total virgindade! Ave, protótipo da castidade! Ave, da ressurreição, claro emblema! Ave, que a vida dos Anjos revelas! Ave, frutífera planta, alimento dos crentes! Ave, ó árvore umbrosa que abrigas a muitos! Ave, teu seio carrega o mentor dos errantes! Ave, que à luz deste o libertador dos cativos! Ave, que o justo Juiz nos abrandas! Ave, perdão do relapso e contrito! Ave, coragem dos desesperados! Ave, és amor que preenche os desejos! Ave, Virgem e esposa!

A Maternidade divina de Maria para a nossa salvação

Antífona: Contemplando o parto milagroso, e afastados do mundo, dirigimos a mente para o céu. O Altíssimo apareceu entre nós no humilde aspecto humano de um pobre e eleva ao mais alto da glória aqueles que cantam: Aleluia! Aleluia! Aleluia!

A Palavra de Deus infinito habitava na terra e enchia os céus. Sua descida amorosa até o homem não fez mudar sua suprema morada. Era o divino parto da Virgem que ele ouvia cantar: Ave, morada do Deus infinito! Ave, ó porta do augusto mistério! Ave, mensagem que inquieta os descrentes! Ave, ufania e segurança dos crentes! Ave, veículo santo do Altíssimo Filho! Ave, mansão gloriosa do Verbo encarnado! Ave, da virgem e mãe as grandezas reúnes! Ave, os contrários a um fim tão igual consorcias! Ave, o pecado de Adão dissolveste! Ave, por ti foi o céu reaberto! Ave, ó chave do reino de Cristo! Ave, esperança dos bens sempiternos! Ave, Virgem e esposa!

O mistério do parto virginal de Maria

Antífona: Toda a multidão dos anjos, admirada, contempla o mistério de Deus encarnado. Ao senhor inacessível, feito homem, admira-o, acessível, caminhar pelas sendas humanas, ouvindo cantar: Aleluia! Aleluia! Aleluia!

Os eloquentes oradores, como peixes emudecem diante de ti, santa Mãe do Verbo. Não compreendem como foi possível permanecer Virgem depois de ser Mãe. Nós, teus devotos, o prodígio admiramos e com fé proclamamos: Ave, sacrário da ciência divina! Ave, tesouro da fiel providência! Ave, os sapientes afirmas ignaros! Ave, os loquazes revelas vazios! Ave, convences de inane a astuciosa palavra! Ave, que tornas sem nexo os criadores dos mitos! Ave, os astutos sofismas dos gregos desfazes! Ave, replenas as redes dos bons pescadores! Ave, nos livras da imensa ignorância! Ave, iluminas inúmeras mentes! Ave, batel dos que querem salvar-se! Ave, ó porto dos nautas da vida! Ave, Virgem e esposa!

Maria: modelo de pureza e santidade

Antífona: Para salvar o mundo, o Criador de todas as coisas quis vir a ele. Sendo Deus, tornou-se nosso Pastor e apareceu entre nós como Cordeiro. Sendo homem, atrai a si os homens e como Deus ouve cantar: Aleluia! Aleluia! Aleluia!

Ó Virgem, Mãe de Cristo, vindo morar em teu seio, o divino Criador te fez o baluarte das virgens e de quantos a ti recorrem. Ele nos convida a cantar tua honra, ó Ilibada: Ave, pilar da integral virgindade! Ave, ó porta de quem quer salvar-se! Ave, ó mestra das coisas sagradas! Ave, doadora da Graça Divina! Ave, dá a vida nova aos nascidos na culpa! Ave, instrutora das mentes que estavam dispersas! Ave, tu expulsas aqueles que a mente corrompe! Ave, ó Mãe de Jesus, semeador de almas castas. Ave, ó tálamo em núpcias virgíneas! Ave, que os crentes com Deus concilias! Ave, ideal pedagoga das virgens! Ave, que os santos recobres de bênçãos! Ave, Virgem e esposa!

Maria, Mãe de quem nasce a Igreja

Antífona: É sempre inferior o canto que presuma engrandecer as tuas inúmeras virtudes. Tantos como é a areia da praia podem ser os nossos hinos, ó Rei Santo, porém, nunca alcançariam as graças que destes a quem canta: Aleluia! Aleluia! Aleluia!

Como tocha luminosa a iluminar os que jazem nas trevas, resplandece a Virgem Maria. Foi ela que acendeu a Luz eterna. Seu fulgor ilumina as mentes e é guia à sabedoria divina, inspirando este canto: Ave, do místico sol o lampejo! Ave, ó astro da flama perene! Ave, ó clarão que iluminas as almas! Ave, trovão a assustar o inimigo! Ave, tu fazes luzir esplendor fulgurante! Ave, transbordas o rio com mil afluentes! Ave, figura das águas do santo batismo! Ave, tu lavas as manchas de nossos pecados. Ave, lavacro que purifica a consciência! Ave, ó taça que infunde alegria! Ave, o perfume de Cristo recendes! Ave, ó vida do sacro banquete! Ave, Virgem e esposa!

Maria, protetora e auxílio de todos os cristãos

Antífona: Querendo nos perdoar o primeiro pecado, aquele que paga as dívidas de todos busca asilo no meio dos seus trânsfugas, exilando-se livremente do céu. Rasgando o antigo rescrito, ouve cantar: Aleluia! Aleluia! Aleluia!

Glorificando o teu parto, todo o universo te louva qual tabernáculo vivente, ó Senhora. Colocando sua morada no teu seio aquele que segura tudo em sua mão, o Senhor, te fez santa e gloriosa, e nos convida a te louvar: Ave, ó casa de Deus e do Verbo! Ave, ó santa mais santa que os santos! Ave, no espírito, arca dourada! Ave, infinito tesouro de vida. Ave, precioso diadema dos reis piedosos! Ave, louvor glorioso dos pios sacerdotes! Ave, ó torre inconcussa da Igreja de Cristo! Ave, tu és baluarte invencível do império! Ave, troféus por ti conquistados! Ave, por ti o inimigo é vencido! Ave, remédio do corpo doente! Ave, tu és a salvação de minha alma! Ave, Virgem e esposa!

Antífona: Digna de todo louvor, Santa Mãe do Verbo, santíssimo entre todos os santos, recebe, nesse canto, a nossa oferta. Salva o mundo de todo perigo; de todos os males e dos castigos futuros1ivra-nos, a nós que cantamos: Aleluia! Aleluia! Aleluia!

(*Repete-se novamente o tropário*):

A ti Maria, como ao general invencível, meus cantos de vitória. A ti, que me livraste de meus males, ofereço meus cantos de reconhecimento. Pois que tens uma força invencível, livra-me de toda espécie de perigos, a fim de que te aclame: Aleluia! Aleluia! Aleluia!

PERSONAGENS CITADAS NESTE LIVRO

AFONSO MARIA DE LIGÓRIO (1696-1787): Italiano. Estudou advocacia e a ela se dedicou por alguns anos. Ordenou-se padre e fundou a Congregação do Santíssimo Redentor (Redentoristas). Tonou-se bispo. É santo padroeiro dos confessores e moralistas. O papa Pio IX declarou-o doutor da Igreja. Autor de numerosas obras no campo da mística e da moral. Lembremos o livro *A Prática do amor a Jesus Cristo*, o livro *Teologia Moral*. Muito conhecido e popular é seu *Glórias de Maria*, publicado no Brasil pela Editora Santuário. Sua festa se celebra no dia 1º de agosto.

AGOSTINHO DE HIPONA (354-430): Nasceu em Tagaste, atual Souk-Ahkras, na Argélia, norte da África. Fez estudos superiores. Lecionou Retórica e Filosofia. Foi batizado adulto por Santo Ambrósio em Milão. Ordenou-se padre na diocese de Hipona, norte da África, de onde se tornou bispo e regeu a diocese por 35 anos. Um dos autores cristãos que mais livros escreveu. O mais conhecido é o livro autobiográfico intitulado *Confissões*. Foi declarado Doutor da Igreja, em 1298. Sua festa se celebra no dia 28 de agosto.

AMBRÓSIO DE MILÃO (339-397): Nasceu em Trier, na Alemanha. Após a morte do pai, que era prefeito das Gálias, foi morar em Roma. Advogado de profissão e administrador público. Nomeado governador das províncias da Ligúria e da Emília, fixou-se em Milão. Era ainda catecúmeno, quando foi escolhido bispo de Milão. Batizou-se, ordenou-se e assumiu o ofício com muito senso social e religioso. Escreveu muitos livros e hinos. Foi declarado doutor da Igreja, em 1298. Sua festa se celebra no dia 7 de dezembro.

ANDRÉ DE CRETA (660-740): Nasceu em Damasco, foi monge em Jerusalém, depois eleito bispo de Creta. Grande pregador e poeta. Conservam-se dele mais de 40 homilias. Sua festa se celebra no dia 4 de julho.

ANTONINO (1389-1459): Aos quinze anos tomou o hábito dominicano e foi colega de noviciado do futuro famoso pintor beato Fra Angélico. Distinguiu-se como pregador e escritor. Eleito arcebispo de Florença, viveu na simplicidade e sempre cercado de pobres e gente em penúrias. Entre seus livros podemos citar: *Suma teológica*, *Livro da Doutrina Cristã*, *Sobre a viuvez*, *Confessionário*. Sua festa de celebra no dia 10 de maio.

ANTÔNIO DE PÁDUA (1195-1231): Nasceu em Lisboa, onde fez todos os estudos junto aos Cônegos Regulares de Santo Agostinho. Ordenou-se padre em Coimbra, onde se especializou em Sagrada Escritura. Passou para a Ordem Franciscana, trocou o nome de Fernando para Antônio. Na tentativa de ser missionário na África, acabou por ser famoso missionário popular no norte da Itália. Foi professor de Sagrada Escritura. Escreveu para seus alunos esquemas de sermões sobre todo o ano litúrgico. Foi declarado doutor da Igreja, em 1946. Sua festa se celebra no dia 13 de junho. Seus escritos foram publicados em Portugal pela Editorial Franciscana em edição bilíngue (dois volumes) e só em português (três volumes, contendo também as sete legendas), e no Brasil, pela Editora Vozes, em volume único (1090 páginas).

ANTÔNIO STRONCONE (1381-1461): Irmão leigo franciscano. Por vários anos foi vice mestre de noviços. Foi delegado papal no combate à seita dos Fraticelli, grupo extremado dentro da própria Ordem franciscana. Homem austero e penitente. Morou alguns anos no Convento de I Carceri e morreu no Convento de São Damião em Assis. Foi beatificado, em 1687. Sua festa se celebra no dia 7 de fevereiro.

BASÍLIO DE SELÊUCIA (437-468): Foi bispo de Selêucia, defensor das ideias heréticas do monofisismo.

BEATRIZ DA SILVA (1426-1490): Nasceu em Ceuta, cidade espanhola, mas em território africano, no Gibraltar, de pais portugueses. É irmã de sangue do franciscano bem-aventurado Amadeu Menezes da Silva. Foi dama da Rainha Isabel, portuguesa também, esposa do Rei João II de Castela. Quando Isabel casou, Beatriz a acompanhou a Castela. A Rainha tinha ciúmes da beleza de Beatriz e por isso a forçou a abandonar a corte. Beatriz pensou em fundar uma Ordem religiosa contemplativa, dedicada à Imaculada Conceição, mas só conseguiu, em 1484. Beatriz morreu, em 1490. A Ordem se chamou Ordem da Imaculada Conceição da Bem-Aventurada Virgem Maria. Hoje, ela é conhecida por Ordem das Irmãs Concepcionistas. A Ordem teve papel importante não só na defesa do privilégio mariano da Imaculada Conceição, mas também na catequese. Foram as primeiras religiosas a virem para o Brasil, para o México e para as Filipinas. Sua festa se celebra no dia 17 de agosto.

BENTO XIV, Papa (1675-1758). Foi papa de 1740 a 1758. Antes foi bispo na Cúria romana, bispo de Ancona, arcebispo de Bolonha. Foi eleito papa depois de um conclave que durou seis meses. Canonizou São Camilo de Lellis e São Fidelis de Sigmaringa; beatificou Carlos Magno.

BENTO XVI, Papa (1927-2022): Nasceu em Marktl, Alemanha. Ordenou-se padre, em 1951. Professor de teologia em várias universidades alemãs. Arcebispo de Munique, em 1977. Criado cardeal no mesmo ano. Nomeado, em 1981, Prefeito da Congregação da Doutrina da Fé, cargo que ocupou até ser eleito papa, em abril de 2005, quando trocou o nome de Joseph pelo de Bento XVI. É numerosa sua produção teológica. Tem um livro inteiro sobre *Escatologia. Morte e Vida eterna*. Como Papa publicou as encíclicas *Deus Caritas est* (2005, Deus é Caridade) *Spe Salvi* (2007, Salvos pela Esperança) *Caritas in Veritate* (2009, Caridade na Verdade). Abdicou, no dia 28 de fevereiro de 2013, tornando-se papa emérito.

BERNARDETE SOUBIROUS (1844-1879): Francesa, de família pobre, de saúde débil (sofreu a vida toda de asma). Teve a primeira aparição de Nossa Senhora, no dia 11 de fevereiro de 1858, em Lourdes. Em 1866, entrou na Congregação das Irmãs da Caridade de Nevers. No convento se dedica à enfermaria. Morreu aos 35 anos. Foi canonizada pelo Papa Pio XI, em 1933. Lourdes se tornou um grande centro de concentração e cura de doentes, tanto que o Papa João Paulo II instituiu o Dia Mundial dos Doentes, no dia 11 de fevereiro, dia em que se celebra Nossa Senhora de Lourdes.

BERNARDINO DE SENA (1380-1444): Nasceu em Massa Marítima e morreu em Aquila, Itália. Padre franciscano. Famoso pregador de missões populares e reformador da disciplina religiosa. Levava sempre consigo o estandarte com as primeiras letras do nome de Jesus em grego IHS. Muitos de seus sermões foram publicados. Propagou a devoção ao Espírito Santo, a Maria e a São José. Sua festa se celebra no dia 20 de maio.

BERNARDO DE CLARAVAL (1090-1153): Nasceu e morreu na França. Grande reformador da Ordem beneditina. Teólogo e místico. Famoso por seus sermões, sobretudo marianos. Em 1830 foi declarado doutor da Igreja. Sua festa se celebra no dia 20 de agosto.

BERNINI (Gian Lorenzo – 1598-1680): Nasceu em Nápoles, filho de pai escultor, e morreu em Roma. Foi escultor, arquiteto, pintor. Entre suas muitas esculturas está o *Êxtase de Santa Teresa*. Na arquitetura suas maiores obra são a Arcada da Praça São Pedro, o Castelo Santo Ângelo e o Baldaquino sobre o altar-mor da Basílica de São Pedro.

CALIXTO III, Papa (1378-1458): De nacionalidade espanhola. Foi tio do futuro papa Alexandre VI. Foi papa de 1455 a 1458. Antes foi bispo de Valência, na Espanha.

CATARINA EMERICH (1774-1824): Nasceu na Alemanha. Mística, visionária, passou a vida dedicada aos pobres e doentes. Desde jovem teve visões, em que identificava lugares onde nunca tinha estado. Suas visões foram publicadas por Clemens Bretano e Karl Schmogen. Ela foi beatificada por João Paulo II, em 2004. Sua festa se celebra no dia 9 de fevereiro.

CIRILO DE ALEXANDRIA (370-444): Pouco se sabe de sua juventude. Foi eleito bispo e patriarca de Alexandria, no Egito, em 412. Homem enérgico, de grande cultura, bom teólogo, violento contra os hereges, sobretudo contra Nestório. Foi a figura central do Concílio de Éfeso em 431 sobre a maternidade divina de Maria. Escreveu muito. Sua festa litúrgica se celebra no dia 27 de junho. Foi proclamado doutor da Igreja em 1882.

DIONÍSIO AREOPAGITA (século V): Viveu em Atenas. Pensador fortemente influenciado pelo platonismo, tentou unir a filosofia pagã de Platão à filosofia e mística cristãs. Apesar de sua biografia desconhecida, influenciou muito a escolástica. Basta lembrar que Santo Tomás o cita 1700 vezes. Seus livros mais famosos são: *Sobre os nomes de Deus* e *Sobre Teologia mística*. Porém os escritos atribuídos a ele não são dele. Por isso hoje se fala em Pseudo Areopagita. Sua festa se celebra no dia 9 de outubro.

DOMINGOS DE GUSMÃO (1170-1221): Nasceu na Espanha e morreu em Bolonha, na Itália. Fundou a Ordem dos Pregadores (Dominicanos). Amigo de São Francisco de Assis. Foi canonizado pelo Papa Gregório IX, o mesmo papa que canonizou São Francisco, Santo Antônio e Santa Isabel da Hungria. Sua festa se celebra no dia 8 de agosto.

EFRÉM (306-373): É o grande representante da cultura e da religiosidade siríaca. Sua terra natal hoje é território turco. Fundador de escola teológica. Excelente pregador. Ordenado diácono, mas viveu celibatário como leigo. Muitos de seus escritos estão perdidos. Conservam-se algumas centenas de hinos, muitas homilias, alguns comentários bíblicos. Efrém usa muito o paralelismo Eva-Maria, Adão-Cristo. Sua festa se celebra no dia 18 de junho. Em 1820, foi declarado doutor da Igreja.

EPIFÂNIO (315-403): Nasceu na Palestina. Tornou-se monge. Em 366 foi escolhido bispo de Salamina (uma ilha do Mar Egeu, Grécia, com 96km^2). Governou a diocese por 30 anos. Conservam-se muitos escritos dele. Combateu forte heresias. Sua festa se celebra no dia 12 de maio.

EUSÉBIO DE CESAREIA (265-339): bispo, filólogo e historiador, considerado o pai da história eclesiástica. Suas obras mais célebres são a *Vida de Constantino* e a *História Eclesiástica*.

FRANCISCO, Papa (1936-?): Nasceu em Buenos Aires, Argentina. Padre jesuíta, ordenado, em 1969. Bispo, em 1992. Arcebispo de Buenos Aires, em 1997. Cardeal, em 2013. Primeiro papa latino-americano. Trocou o nome de Jorge Mário pelo de Francisco. Como papa publicou as encíclicas *Lumen Fidei* (Luz da Fé) e *Laudato si* (Louvado seja). E as exortações apostólicas *Evangelii Gaudium* (Alegria do Evangelho), *Amoris Laetitia* (Alegria do Amor) e *Gaudete et Exsultate* (Alegrai-vos e exultai).

FRANCISCO DE ASSIS (1182-1226): Nasceu e morreu em Assis, na Itália. Fundador da Ordem dos Frades Menores, hoje, conhecidos como Franciscanos. Não foi sacerdote. Pregador popular. O primeiro santo a receber as chagas de Jesus Crucificado. Autor do *Cântico das Criaturas*, considerado obra prima da poesia de todos os tempos. Em 1980, foi proclamado Padroeiro da Ecologia. Santo respeitado por todas as religiões. Todos os seus escritos podem ser encontrados no volume *Escritos e Biografias de São Francisco de Assis*, Editora Vozes, 1374 p. Sua festa se celebra no dia 4 de outubro.

GREGÓRIO MAGNO, Papa (540-604): Da nobreza romana. Monge beneditino. Homem de grande cultura teológica e jurídica. Eleito papa em 590. Foi o primeiro papa a usar a expressão "servo dos servos de Deus", depois do nome, usada até o papa Paulo VI. Reformou a música religiosa. Até hoje um tipo de música litúrgica se chama 'canto gregoriano'. Dele se conservam 40 homilias. Sua festa se celebra no dia 12 de março.

ILDEFONSO DE TOLEDO (?-667): Era sobrinho de Santo Eugênio e morreu como arcebispo de Toledo, na Espanha. Escreveu o tratado *Sobre a virgindade perpétua de Santa Maria*. Sua festa ocorre no dia 23 de janeiro.

IRINEU DE LIÃO (130-202): Nasceu na Ásia Menor, em região da atual Turquia, e morreu como bispo de Lião, na França. Teólogo, escritor. Suas obras espelham a grande preocupação pastoral contra as heresias. É dele o primeiro compêndio que temos da fé católica, com as mesmas expressões do chamado *Símbolo dos Apóstolos*. Sua festa se celebra no dia 28 de junho. Em janeiro de 2022, o Papa Francisco o declarou Doutor da Igreja.

JERÔNIMO (331-420): Nasceu na Dalmácia e morreu em Belém. Especialista em latim e grego, estudou advocacia e literatura. Abandona tudo. Estuda hebraico e, fixando-se em Belém, traduz para o latim todos os livros da Sagrada Escritura. Antes deste trabalho, foi secretário do Papa São Dâmaso e dele recebeu a incumbência de traduzir a Bíblia para o latim. O texto de São Jerônimo passou a se chamar de *Vulgata*. É doutor da Igreja e sua festa se celebra no dia 30 de setembro.

JOÃO CAPISTRANO (1386-1456): Italiano, advogado e político. Foi governador de Perugia. Deixou o matrimônio e a família e entrou na Ordem Franciscana, em 1416, quando, então, fez sua primeira Comunhão. Ordenou-se padre, em 1420. Grande pregador de Missões populares junto com São Bernardino de Sena e São Tiago das Marcas. Comandou as tropas húngaras contra os turcos e obteve a vitória de Belgrado. Foi canonizado, em 1724. Sua festa se celebra no dia 23 de outubro.

JOÃO CRISÓSTOMO (344-407): Estudou Eloquência, Filosofia e Advocacia. Deixou tudo, fez-se eremita. Outros amigos se juntaram a ele. Apontado para bispo, fugiu e se escondeu até que a sede foi ocupada por outro. Ordenou-se padre aos 43 anos. Tornou-se famoso pregador, defensor de pobres e oprimidos. Foi escolhido arcebispo de Constantinopla em 398. Sofreu dois exílios, morrendo no segundo, aos 63 anos. 'Crisóstomo' era apelido e significa 'Boca de Ouro'. Seus sermões discorrem sobre quase todos os livros da Escritura.

JOÃO DAMASCENO (650-750): Nasceu em Damasco, de uma família árabe. Tornou-se monge e sacerdote. Grande pregador.

Homem de vasta cultura. Escreveu muitas obras, inclusive um manual de teologia, que se tornou clássico na Idade Média. Morreu quase centenário. Foi declarado doutor da Igreja, em 1890. Sua festa se celebra no dia 27 de março.

JOÃO DUNS SCOTUS (1266-1308): Nasceu na Escócia e morreu em Colônia, na Alemanha. Padre franciscano. Professor na Universidade de Paris. Tem o apelido de Doutor Sutil. Considerado entre os três maiores teólogos da Escolástica. É vasta sua obra teológica. Famoso defensor da Imaculada Conceição de Maria. Sua beatificação foi oficialmente confirmada pelo Papa João Paulo II, em 1993. É o padroeiro dos teólogos franciscanos. Sua festa se celebra no dia 8 de novembro.

JOÃO PAULO II, Papa (1920-2005): Nasceu em Wadowice, Polônia. Ordenou-se padre, em 1946. Tornou-se bispo em 1958, e arcebispo de Cracóvia, em 1964. Criado cardeal em 1967. Foi eleito papa, em 1978, após a morte de João Paulo I, que governou a Igreja por apenas 33 dias. Trocou o nome de Karol Jozef por João Paulo II. Escreveu 13 encíclicas, entre as quais *Redemptor Hominis* (O Redentor do Homem), *Dominum et Vivificantem* (Sobre o Espírito Santo), *Redemptoris Mater* (A Mãe do Redentor), *Dives in misericordia* (Rico em Misericórdia), *Laborem Exercens* (Exercendo o Trabalho), *Sollicitudo Rei Socialis* (A solicitude pelas coisas sociais). E 15 exortações apostólicas, entre elas: *Familiaris Consortio* (Sobre a função da família), *Redemtoris Custos* (Sobre São José), *Vita Consecrata* (Sobre a vida consagrada), *Pastores dabo vobis* (Sobre a função sacerdotal), *Christi Fideles Laici* (Sobre a missão dos leigos). Foi canonizado, em 2014. Sua festa se celebra no dia 22 de outubro.

JORGE DE NICOMÉDIA: monge do século nono. Famosa é sua Oração ao Cristo na Cruz. Santo Afonso em seu livro *Glórias* *de Maria* o chama de santo e o cita várias vezes. É dele a frase: "Jesus Cristo atende a todos os pedidos de sua Mãe, como que para saldar uma dívida para com ela, que consentiu em lhe dar o ser humano".

JUSTINO DE ROMA (100-165): Sabemos que nasceu na Palestina, mas não era hebreu. Converteu-se ao Cristianismo Fundou em Roma uma escola de filosofia cristã. Morreu mártir em Roma, em 165. Homem de vasto conhecimento filosófico e teológico. Chegaram até nós duas *Apologias* em defesa dos cristãos e dos princípios cristãos e o *Diálogo com Trifão* sobre as relações controvertidas do Cristianismo com o Judaísmo. Para Justino, em Jesus de Nazaré se cumprem todas as Escrituras do Antigo Testamento. Sua festa litúrgica se celebra no dia 1º de junho.

LEÃO MAGNO, Papa (440-461): Quase nada sabemos de sua vida antes de ser eleito bispo de Roma e papa. Durante seu pontificado se celebrou o Concílio de Calcedônia, em 451, sobre Jesus verdadeiro Deus e verdadeiro homem. Famoso por suas cartas e por seus sermões. Conservam-se 97 sermões. Enfrentou as tropas de Átila, que quiseram saquear Roma. A história lhe deu o título de Magno. Foi declarado doutor da Igreja, em 1754.

LUÍS MARIA GRIGNION DE MONTFORT (1673-1716): Santo francês. Dedicou-se alguns anos ao cuidado dos enfermos. Depois a Missões populares. Em todas as suas pregações acentuou a fidelidade às promessas batismais e para isso ensinava a consagração a Nossa Senhora. É famoso seu livro *Tratado da Verdadeira Devoção*, publicado em 1712. Sua festa se celebra no dia 28 de abril.

MARTINHO I, Papa (590-655): Italiano. Foi papa de 649 a 655. Combateu o monotelismo (heresia que nega que Cristo tenha tido vontade humana). Passou três anos do papado no exílio e morreu exilado na Crimeia. Considerado mártir. Sua festa se celebra no dia 12 de novembro.

MIGUELÂNGELO (ou Michelangelo Buonarroti – 1475-1564): Foi pintor, escultor, arquiteto, poeta. Suas obras se encontram sobretudo em Florença e Roma. Entre suas obras mais conhecidas e consideradas obras primas de toda a humanidade estão as imagens da Pietà (1499, Basílica de São Pedro) e Moisés (1515, igreja de São Pedro in Vincolis, Roma). Entre suas pinturas está a Criação de Adão (1512, Capela Sistina, Vaticano).

MURILLO (Bartolomé Esteban – 1617-1682): Pintor do barroco espanhol. Autor de ao menos 41 quadros da Imaculada Conceição, rodeada de anjos e a meia lua sob os pés. Os mais famosos são A Imaculada do Escorial (1660-1665) e A Imaculada Conceição dos Veneráveis (1678).

NESTÓRIO (381-451): Era sírio de nascimento. Tornou-se padre e grande pregador. Em 428 foi nomeado bispo e patriarca de Constantinopla. Defendeu, com toda sua sabedoria teológica, que Maria era somente mãe do Cristo homem e não mãe de Deus. Foi convocado um Concílio, em 431, para resolver a questão. No Concílio, Nestório enfrentou o bispo Cirilo, patriarca de Alexandria. O Concílio de Éfeso decidiu e proclamou que Maria não é só mãe do Cristo homem, mas verdadeira mãe de Deus. Derrotado, Nestório renunciou ao governo diocesano e se retirou para um mosteiro. Deve ter morrido depois do ano 451.

PAULO VI, Papa (1897-1978): Italiano. Ordenou-se padre, em 1920. Trabalhou na Secretaria de Estado sob Pio XI e Pio XII. Ordenado bispo, em 1954, e nomeado arcebispo de Milão. Feito cardeal, em 1958. Tornou-se papa, em 1963, quando trocou o nome de Giovanni Battista pelo de Paulo VI. Foi o primeiro papa a visitar os cinco Continentes. Publicou sete encíclicas, três delas ficaram famosas: *Ecclesiam Suam* (1964, Sobre os Caminhos da Igreja), *Populorum Progressio* (1967, O Progresso dos povos) e *Humanae Vitae* (1968, Sobre a regulação da natalidade). Publicou 12 Exortações Apostólicas, duas delas com grande repercussão na pastoral: *Marialis Cultus* (1974, O Culto à Virgem Maria) e *Evangelii Nuntiandi* (1975, Sobre a evangelização no mundo contemporâneo). Continuou o Concílio Vaticano II, iniciado por João XXIII e guiou a Igreja no difícil período do pós-Concílio. Para celebrar o XIX centenário do martírio de São Pedro e São Paulo, proclamou o Ano da Fé (1967-1968), e o encerrou, no dia 30 de junho de 1968, com uma solene profissão de fé, que ele chamou de *Credo do Povo de Deus*, hoje, lembrado como o Credo de Paulo VI. Foi beatificado pelo Papa Francisco, em 2014, na presença do papa emérito Bento XVI, e canonizado, no dia 13 de outubro de 2018. Sua festa se celebra no dia 26 de setembro.

PEDRO CRISÓLOGO (406-450): foi escolhido bispo de Ravena, Itália, quando ainda era diácono. Excelente catequista, deixou algumas centenas de catequeses escritas. Ganhou o apelido de 'Crisólogo' (Palavra de Ouro) pela elegância e qualidade de suas pregações. É doutor da Igreja e sua festa se celebra no dia 4 de dezembro.

PIO V, Papa (1504-1572): Italiano. Aos 14 anos entrou na Ordem Dominicana. Foi mestre de noviços e professor de clérigos. Eleito bispo, em 1556. Tornou-se papa, em 1566, e governou a Igreja até 1572. Reformou a liturgia, universalizando a chamada Missa Tridentina, usada até 1969. Foi canonizado, em 1712, e sua festa se celebra no dia 30 de abril. Foi São Pio V que institui a festa de Nossa Senhora do Rosário, no dia 7 de outubro, em agradecimento à vitória dos cristãos em Lépanto.

PIO IX, Papa (1792-1878): Italiano. Ordenado padre, em 1819, foi missionar no Chile. Retornando à Itália, foi escolhido bispo de Spoleto; depois, de Imola. Foi eleito Papa, em 1846, e governou a Igreja por 31 anos, até 1878. Convocou e celebrou o Concílio Ecumênico Vaticano I. Promoveu a devoção ao Sagrado Coração de Jesus, instituiu sua festa e, em 1875, consagrou o mundo ao Sagrado Coração. Declarou o dogma da Imaculada Conceição de Maria no dia 8 de dezembro de 1854. Foi beatificado pelo papa João Paulo II em 2000. Sua festa se celebra no dia 7 de fevereiro.

PIO XII, Papa (1876-1958): Nasceu em Roma. Avô e pai foram advogados do Vaticano. Ordenado padre em 1899. Depois de trabalhar os primeiros dois anos em paróquia, passou a vida toda a serviço da Cúria romana. Em 1917, foi nomeado arcebispo e núncio na Baviera, depois na Prússia. Em 1929, foi criado cardeal e nomeado secretário de Estado, cargo que exerceu por dez anos até ser eleito papa, em março de 1939. Governou a Igreja até 1958. Em outubro de 1934, esteve no Rio de Janeiro, foi hóspede de Getúlio Vargas e visitou o Cristo Redentor. Em 1942 consagrou o mundo ao Imaculado Coração de Maria. No dia 1º de novembro de 1950, proclamou o dogma da Assunção de Maria ao Céu. Escreveu 43 encíclicas, entre as quais as marianas: *Fulgens Corona*, 1953, anunciando o Ano Santo de 1954 para comemorar o centenário do dogma da Imaculada Conceição; e *Ad Coeli Reginam*, 1954, criando a festa de Nossa Senhora Rainha. Muito citadas são suas encíclicas sobre a Igreja como Corpo Místico de Cristo (1943), sobre a Sagrada Liturgia (1947) e a sobre o Sagrado Coração de Jesus (1956). Lembremos ainda a Constituição Apostólica *Munificentissimus Deus* (1950) sobre o dogma da Assunção de Maria em corpo e alma ao céu.

PROCLO (?-446): Discípulo de São João Crisóstomo. Enfrentou Nestório na questão da maternidade divina de Maria. Foi arcebispo de Constantinopla. Sua festa ocorre no dia 24 de outubro.

RUPERTO DE DEUTZ (1075-1129): Monge e abade belga. Sua primeira grande obra foi um comentário sobre a Missa, o Ofício divino e o ano litúrgico. Toda sua obra é comentário às Sagradas Escrituras e à história da salvação. Segundo ele, Maria é o grande modelo para a Igreja e da Igreja.

SÉRGIO I, Papa (650-701): Era sírio de nascimento. Foi eleito papa em 687 e morreu em setembro de 701. Introduziu a oração do 'Cordeiro de Deus' na Liturgia da Missa.

SOFRÔNIO (?-638): Nasceu em Damasco, não sabemos em que ano. Foi patriarca de Jerusalém. Dizem que morreu de tristeza, depois que os muçulmanos tomaram Jerusalém em 638. Na história da Igreja, Sofrônio ficou famoso por sua luta teológica contra os chamados monotelitas (palavra grega composta de *mono*, uma, e *thélema*, vontade), isto é, os que ensinavam que em Cristo, ainda que houvesse duas naturezas (divina e humana), havia só a vontade divina. O monotelismo acabou condenado pelo papa São Martinho I em 649 e pelo Concílio de Constantinopla em 680. Sua festa se celebra no dia 11 de março.

TOMÁS DE AQUINO (1252-1274): Nasceu em Aquino, na Itália. Durante dez anos estudou com os beneditinos na Abadia de Monte Cassino. Depois, enquanto fazia estudos universitários em Nápoles, entrou na Ordem dominicana. Completou os estudos em Paris, onde foi aluno de Santo Alberto Magno. Um dos maiores teólogos de todos os tempos, poeta (compôs os hinos da festa de Corpus Christi). A *Summa Theologica*, em mais de vinte volumes, é manual de teólogos até hoje. Foi canonizado, em 1323. São Pio V o declarou doutor da Igreja e Leão XIII o declarou padroeiro de todas as universidades. Sua festa litúrgica ocorre no dia 28 de janeiro.

TOMÁS DE KEMPIS (1380-1471): Nasceu em Kempis, perto de Colônia, Alemanha. Ordenado padre, exerceu durante muitos anos o ofício de mestre de noviços e pregador. Seus vários livros são frutos de suas conferências e sermões. Seu livro *Imitação de Cristo* é considerado um clássico da espiritualidade.

SISTO IV, Papa (1414-1484): Papa de 1471-1484. Antes foi Ministro geral da Ordem Franciscana (1464-1469). Fixou a festa da Imaculada Conceição no dia 8 de dezembro e lhe deu Missa própria. Canonizou São Boaventura. Grande restaurador da cidade de Roma. Construtor da famosa Capela que leva seu nome, a Capela Sixtina.

SISTO V, Papa (1521-1590): Papa de 1585 a 1590). Foi franciscano, criado cardeal pelo Papa São Pio V.

Este livro foi composto com as famílias tipográficas Segoe UI e Source Sans Pro
e impresso em papel Offset 70g/m² pela **Gráfica Santuário.**